Karl Ude wurde am 14. Januar 1906 in Düsseldorf geboren. Sein Studium der evangelischen Theologie führte ihn u. a. nach Paris und München, wo er sich, fasziniert vom Schwabinger Kulturleben, 1926 niederließ. Er begann sich für Literaturkritik und Theaterwissenschaft zu interessieren. Zunächst als Student, später als Freund des legendären Theaterwissenschaftlers Artur Kutscher bearbeitete er dessen Wedekind-Biographie und gab sie 1964 neu heraus. Mit seiner langjährigen Tätigkeit als Chefredakteur der Monatszeitschrift »Welt und Wort« trug Ude in großem Maße zum Neubeginn des literarischen Lebens nach 1945 bei. Er arbeitete für verschiedene Münchner Zeitungen, u. a. für die »Süddeutsche Zeitung« und den »Münchner Stadtanzeiger«, schrieb zahlreiche Bücher, widmete sich der Herausgabe mehrerer Anthologien und der Produktion von Hörspielen. Für sein Werk erhielt er u.a. den Tukan-Preis, den Ernst-Hoferichter-Preis, das Bundesverdienstkreuz sowie die Medaille »München leuchtet« in Gold. »Deutschlands ältester aktiver Pressemann«, wie man ihn in späteren Jahren gerne nannte, starb am 1. April 1997 in München.

edition monacensia
Herausgeber: Monacensia
Literaturarchiv und Bibliothek
Dr. Elisabeth Tworek

Die *edition monacensia* präsentiert ausgewählte Werke renommierter Münchner AutorInnen des 20. Jahrhunderts, deren literarische Arbeiten von der Monacensia – Literaturarchiv und Bibliothek betreut werden. Neben Neuausgaben vielgesuchter Bücher erscheinen Ersteditionen aus den Beständen der Monacensia, die von kompetenten Herausgebern eingeleitet werden.

Karl Ude

Schwabing von innen

Kulturelle Essays

Mit einem Vorwort
von Christian Ude

Ausgewählt und kommentiert
von Günther Gerstenberg

edition monacensia
im
Allitera Verlag

Der Allitera Verlag ist ein BoD™-Verlag der Buch & medi@ GmbH, München. Dieser Verlag publiziert ausschließlich Books on Demand in Zusammenarbeit mit der Books on Demand GmbH, Norderstedt, und dem Hamburger Buchgrossisten Libri. Die Bücher werden elektronisch gespeichert und auf Bestellung gedruckt, deshalb sind sie nie vergriffen. Books on Demand sind über den klassischen Buchhandel und Internet-Buchhandlungen zu beziehen.

Weitere Informationen über den Verlag und sein Programm unter:
www.allitera.de

Die Deutsche Bibliothek – CIP-Einheitsaufnahme
Ein Titeldatensatz für diese Publikation
ist bei Der Deutschen Bibliothek erhältlich.

September 2002
Allitera Verlag
Ein BoD™-Verlag der Buch & medi@ GmbH, München
© 2002 Christian Ude
© Für diese Ausgabe: Landeshauptstadt München/Kulturreferat
Münchner Stadtbibliothek
Monacensia Literaturarchiv und Bibliothek
Leitung: Dr. Elisabeth Tworek
und Buch & medi@ GmbH, München
Umschlaggestaltung: Kay Fretwurst unter Verwendung
einer Karikatur von Rolf Peter Bauer
Herstellung: Books on Demand GmbH, Norderstedt
Printed in Germany · ISBN 3-935877-45-5

Inhalt

Vorwort von Christian Ude 9

Expressionistische Dichtung (1948) 17

Podium für Poeten (1951) 19

Die Prominenten und der Rundfunk (1952) 22

Werk und Wirken Artur Kutschers.
Zu seinem 75. Geburtstag am 17. Juli 1953 24

Literarische Kontroverse in falscher Tonart (1954) 27

Verwertung literarischer Rechte und –
typisch deutsche Zwietracht (1956) 31

Lehrer contra Dichter (1956) 33

Wanderer zwischen den Welten.
Zum 75. Geburtstag von Leonhard Frank (1957) 35

André Maurois zu Gast bei Cuvilliés (1958) 38

Junge Dramatiker – undramatisch vorgeführt (1958) 40

Geburtstagsgruß an den Schwager in Schwabing.
Ernst Hoferichter feiert heute den fünfundsechzigsten/
Eine Münchner Rarität (1960) 42

Max Halbes Nachlaß:
Ein Münchner Spiegel der Jahrhundertwende (1960) 45

Der Obertukan (1960) 55

Die elf Scharfrichter und ihre Muse (1961) 58

Vierundsechzig schwarze Kladden.
Ausgrabungen aus dem von der Münchner Stadtbibliothek
erworbenen Nachlaß Frank Wedekinds (1963) 61

Einbruch in die Festung »Publicity«.
Wege zur literarischen Öffentlichkeit (1964) 66

Das Leben zieht im Friedhof ein (1965) 68

Josef Ponten – kleiner Mann mit großen Plänen.
Porträt eines vergessenen Schwabingers (1965) 70

Lieder aus dem Ghetto (1966) 76

Drei Phasen – drei Aspekte.
Eine Gedenkstunde für Wilhelm Hausenstein (1967) 78

Schwabing zwischen gestern und morgen (1967) 80

Korrekturen am Bild Kurt Eisners (1968) 82

Schwabinger Moritaten-Dichter (1969) 84

Der andere Eugen Roth.
Zum 75. Geburtstag des Dichters am 24. Januar (1970) 85

Eine Ehe wie im Drama.
Frank Wedekind, wie seine Frau ihn sah (1970) 90

Die Schwabinger Franzi (1970) 95

Zur sozialen Lage der Schriftsteller.
Fakten – Forderungen – Meinungen (1971) 97

VS-Autoren als Gewerkschaftler? (1971) 102

Buchhändler – Saalbesitzer – Kulturwirt in Schwabing.
In memoriam Georg C. Steinicke (1972) 105

Sie ist Schwabings letzte Bohemienne. Maria Kirndörfer,
genannt Marietta, wird heute achtzig Jahre alt (1973) 111

An Oskar Maria Grafs Seite in den USA (1974) 113

PPA – Mythos und Gewissen Schwabings. Vor zehn Jahren
starb der Traumstadt-Dichter Peter Paul Althaus (1975) 115

Albert Birkle, zeichnender Chronist seiner Zeit (1978) 119

Charlotte Dietrich in der »Casetta« (1980) 121

Ein Spiegel der Literatur in München.
Fünfzig Jahre »Tukankreis« (1980) 123

Als Katja Mann noch Katja Pringsheim war (1980) 130

Dokumentation gegen Vergeßlichkeit (1985) 132

Eine Autorität für bayerische Belange.
Wilhelm Lukas Kristl gestorben
Von Landshut über Madrid nach Schwabing (1985) 134

Hans Prähofer 65 Jahre:
Kunstmaler, Bildhauer, Schriftsteller (1985) 136

Georg Schwarz. Romantiker und Rebell (1987) 137

Ein Holocaust-Mahnmal tut not.
Die 11. Vergabe des Geschwister-Scholl-Preises
in würdigem Rahmen (1990) 139

Karl Valentin als Adressant.
In acht Bänden soll des Komikers Gesamtwerk erscheinen.
Den Anfang machen seine Briefe (1992) 141

R.P. Bauer – denkwürdig aus mancherlei Gründen (1992) 144

Eine Eidgenossin wurde Münchnerin.
Christian Udes Mutter Renée (1993) 145

Damals mußte man sich zu helfen wissen (1994) 147

Stein-Zeit. Das Land liegt in Trümmern, jetzt müssen
die Menschen den Frieden bauen – Stein um Stein.
Bilder aus einer Zeit, als Krieg uns naheging:
München 1945 (1995) 149

Oswald Malura 90 Jahre alt.
Ein Synonym für Kunst in Schwabing (1996) 152

Es lebe die Schwabinger Kunst. Erich Lindenberg und
Konrad Hetz wurden mit je 4000 Mark
ausgezeichnet (1997) 154

Anmerkungen 155

Bibliographie 164

Abbildungsverzeichnis 165

Der Münchner Kultur-Chronist

Kultur-Chronist trifft es am besten. Dabei standen Karl Ude stets mehrere Begriffe zur Auswahl, wenn er seine berufliche Tätigkeit benennen sollte.

Chefredakteur klang natürlich am vornehmsten, konnte aber nicht ganz über die Tatsache hinwegtrösten, daß es bei der Literaturzeitschrift »Welt und Wort«, die er 28 stolze Jahrgänge lang redigierte, außer dem Chef überhaupt kein Redaktionspersonal gab.

Schriftsteller deckte sich zwar am besten mit den Zukunftswünschen seiner Studienjahre und kann auch mit einer Vielzahl von Novellen und Erzählbänden begründet werden, aber diese Bücher wären längst vergessen, wenn ihre Titel nicht immer wieder in der Bibliographie des Publizisten Karl Ude auftauchen würden.

Kritiker läßt an gnadenlose Verrisse im Feuilleton denken – genau die aber waren seine Sache nicht, er wollte stets aufgeschlossen kulturelle Aktivitäten entdecken, erst einmal selber verstehen, anderen vermitteln, beschreiben und erklären und erst dann – häufig zwischen den Zeilen – bewerten.

Reporter wird seiner Arbeit überhaupt nicht gerecht, obwohl er tatsächlich von Ereignis zu Ereignis eilte, um darüber in der »Süddeutschen Zeitung« oder dem »Münchner Stadtanzeiger« zu berichten – aber er hat nicht bloß gemeldet, was er gesehen oder gehört hat, er hat sich vielmehr bei jedem Anlaß auf das Bildungsfundament seiner nie abgeschlossenen, aber auch nie beendeten Studienjahre gestützt, hat sich vor Ort als »wandelndes Gedächtnis« Schwabings und des Münchner Kulturlebens präsentiert, um erst einmal das Dargebotene selber zu genießen oder zu hinterfragen, anschließend in der unaufhaltsam immer größer werdenden häuslichen Bibliothek vieles nachzulesen und schließlich einen Text in die Redaktion zu bringen oder durchzutelefonieren, der nicht als »Bericht« verstanden wissen werden wollte, sondern als literarische Kurzform.

Herausgeber ist zwar präzise richtig, aber eben nur für einen Teil seiner Arbeit: Er hat nach dem Krieg die Schriftenreihe »Geistiges München« mit Vorlesungen namhafter Professoren herausgegeben, dann die Zeitschrift »story«, die erstmalig nach der Hitlerzeit in

Deutschland Kurzgeschichten aus der französischen und angloamerikanischen Welt veröffentlichte; 1961 brachte er bei Langen Müller in der Tradition der Münchner Dichterbücher von Emanuel Geibel und Arthur Hübscher die Anthologie »Hier schreibt München« heraus, 1966 gemeinsam. mit dem SZ-Chefredakteur Hermann Proebst bei Gräfe und Unzer die Erinnerungssammlung »Denk ich an München«; dazwischen, 1964, erschien bei List unter dem Titel »Besondere Kennzeichen« eine Sammlung von Selbstporträts, die Karl Ude zeitgenössischen Autoren erst für seine Literaturzeitschrift und dann für das Taschenbuch zeitgenössischen Autoren hatte abringen können: Carl Amery und Josef Martin Bauer sind ebenso vertreten wie Heinrich Böll, Hilde Domin, Erich Kästner, Hermann Kesten, Siegfried Lenz oder Luise Rinser.

Bearbeiter ist zwar ein häßliches Wort, beschreibt aber immerhin einige wichtige Unternehmungen wie die vollständige Neubearbeitung von Artur Kutschers großer Wedekind-Biografie für den List-Verlag im Jahr 1964 oder die Zusammenstellung der besten Texte seines Freundes Ernst Hoferichter für »Das Ernst Hoferichter Buch«, das 1977 bei Rosenheimer erschien.

Kulturbummler hat er sich zwar selber genannt – und ab 1972 über 700 mal eine Wochenkolumne im »Stadtanzeiger« als Münchner Kulturbummel veröffentlicht – doch das klingt viel zu absichtslos, als ob er seine Themen zufällig en passant aufgepickt hätte wie »Blasius der Spaziergänger« alias Sigi Sommer, während er in Wahrheit vorher gründlich recherchierte und prüfte, was einer redaktionellen Würdigung wert sein könnte.

Nein, bleiben wir dabei: trotz aller Vielfalt der literarischen und publizistischen Tätigkeiten läßt sich Karl Udes Arbeit am besten mit dem Begriff des Kultur-Chronisten beschreiben (sein langjähriger SZ-Redakteur Franz Freisleder hat ihn als »Münchens Kulturstadtschreiber« geehrt, was genauso gut paßt): Einer, der das kulturelle Leben seiner Wahlheimat München und besonders »seines« Viertels Schwabing jahrzehntelang begleitet und beschrieben hat, im Gedächtnis behielt und immer wieder für seine Leserschaft verständnisvoll, unterstützend und nur ganz selten abwertend, aber nie abkanzelnd aufbereitete.

Dabei war ihm der München-Bezug keinesfalls in die Wiege gelegt worden. Karl Ude wurde am 14. Januar 1906 in Düsseldorf geboren, als älterer von zwei Brüdern, deren Vater, ein Oberkellner, lange Jahre in russischer Gefangenschaft blieb. Unter äußerst kargen Bedingungen gelang es der Mutter, die beiden Söhne aufs Gymnasium zu schicken. Eine der wenigen Vergnügungen dieser entbehrungsreichen Kindheit war das Rollschuhlaufen, dem er 1956 ein kleines heiter-wehmütiges Buch widmete: »Damals als wir Rollschuh liefen« (bei Langen Müller). Nach dem Abitur zog ihn der Ruf Münchens als Kunststadt magisch an. Eigentlich wollte er zunächst dort nur ein Semester studieren, aber es sind nach einem Zwischenspiel in Marburg und Paris dann ab 1926 gut 140 geworden: mit ununterbrochener Teilnahme an Lesungen und Theateraufführungen, Ausstellungseröffnungen und Diskussionsveranstaltungen, Festakten und Geselligkeiten, um immer tiefer ins Münchner Kulturleben eindringen zu können und Kenntnisse zu vervollständigen.

1927 las Thomas Mann im Auditorium Maximum der Universität aus dem damals noch unveröffentlichten Josephsroman. Neben dem Theologiestudenten Karl Ude, der vom außerordentlichen Professor Artur Kutscher freilich längst für die Theaterwissenschaften begeistert worden war, nahm in der letzten Reihe eine vermeintliche Französin Platz, in Wahrheit eine Sanskrit-Studentin aus der französischen Westschweiz. Karl und Renée fanden Gefallen aneinander, konnten wegen der strengen Hausordnung des St. Hildegard-Stifts in der Giselastraße zwar nicht die folgende Nacht, dann aber trotzdem die nächsten 70 Jahre miteinander verbringen: erst als gschlampertes Verhältnis, wie der Bayer sagt, also ein Jahrzehnt lang in »wilder Ehe«, ab 1938 aber in ordentlicher ehelicher Verbindung, weil zunehmende Ausländerfeindlichkeit es hatte geraten scheinen lassen, der Schweizerin ein dauerhaftes Aufenthaltsrecht zu verschaffen, dann jahrzehntelang als Elternpaar und schließlich als Großeltern, die grundsätzlich nur als Paar auftraten, »wie Philemon und Baucis«.

Im Dritten Reich hat sich Karl Ude – ganz musischer Bildungsbürger im Elfenbeinturm – weder für die Nationalsozialisten begeistern noch über sie rechtzeitig empören können. Er hat sie, wie er glaubhaft versichert, einfach verdrängt – obwohl seine Bude in der Schellingstraße vis à vis von der Druckerei des »Völkischen Beobachter« lag, wo sich braune Horden zusammenrotteten und ihm das Verschwinden kritischer Autoren und jüdischer Künstler nicht entging. Er schrieb nichts Nationalsozialistisches, aber auch nichts, was ihm ein Berufsverbot eingebracht oder eine zumindest »innere Emigration« auferlegt hätte. Er floh in die wohlwollende Kunstbetrachtung, ins rein Unterhaltsame oder ins zeitlos Musische. So hat er es selbst im

Gespräch immer wieder formuliert. Dabei hätte er doch zumindest auf ein Buch verweisen können, mit dem er sich – im Kriegsjahr 1942! – dem chauvinistisch-militärischen Zeitgeist erstaunlich konsequent und offen entgegenstemmte: »Die Pferde auf Elsenhöhe«. Diese 40 Pferde dienen der Wissenschaft zur Produktion eines Tetanus-Serums, doch ein sturer Barras-Schädel, Oberst von R., läßt sie 1914 für den Heeresdienst requirieren – weil sie sonst genauso unnütz seien wie sein Sohn, der Musiker statt Soldat werden will. Der Sohn stirbt – als Soldat – an einer Tetanus-Infektion, wie Tausende andere Soldaten auch, und der Oberst bricht innerlich zusammen, als ihm überlebende Kameraden des verstorbenen Sohnes dessen einzige hinterlassene Komposition vorspielen. Arthur Dittmann schrieb in seiner Sendung »über den Journalisten Karl Ude und seine Stadt« im Bayerischen Rundfunk 1996 dazu: »Eigenartig: In einer nationalsozialistisch gleichgeschalteten Presse- und Verlagslandschaft wird ein Text bei Kriegsbeginn als »Novelle des Zwanzigsten Jahrhunderts« ausgezeichnet, der Kritik am engstirnigen Militärgeist übt, der das »Geistige« über das »Militärische« stellt. Aber vielleicht war diese Kritik gut versteckt, so dass sie den Zensoren gar nicht weiter auffiel. Jedenfalls dürfte dies einer von sehr wenigen im Kriegsjahr 1942 veröffentlichten Texten sein, der sich heute nicht verstecken muß.«

1944 wurde die damals dreiköpfige Familie (rnit Tochter Karin) in der Schwabinger Bauerstraße ausgebombt und erst nach Partenkirchen evakuiert, dann auf der anderen Straßenseite einquartiert. Viel Mobiliar und vor allem der schwere Steinway-Flügel wurde von französischen Zwangsarbeitern aus dem brennenden Haus gerettet, die nebenan in einer Volkswagengarage arbeiten mussten und von Renée Ude gegen den Widerstand des Blockwarts Zutritt zum Luftschutzkeller erhalten hatten. Dieses Beispiel von Zivilcourage, die Menschenleben und ein Musikinstrument rettete, wurde bei Familienfesten und im Freundeskreis lieber zitiert als die politische Enthaltsamkeit des Ehemanns. Der war als Obergefreiter beim stellvertretenden Generalkommando in der Schönfeldstraße und wurde Anfang 1945 der Brandwache zugeteilt, nachdem er vorher bei der Abteilung 1 c (»Truppenbetreuung«) auf Künstlerreisen nahezu ein »Zivilleben mit Soldbuch« hatte führen können.

Bis hierher konnte ich den Text dieser Einführung auf öffentlich zugängliche Quellen stützen. Doch jetzt kommt das Jahr 1947 – und damit der subjektive Faktor. Im Oktober 1947 wurde ich geboren, als zweites Kind von Karl und Renée Ude. Ich habe mich oft gefragt, wie man in einem daniederliegenden Land, in einer zerbombten Stadt ein Kind in die Welt setzen kann. Die Antwort erhielt ich erst sehr viel später, 1990 beim Kauf neuer Schuhe in Schwabing. Der Schuhmacher wollte mir zunächst das Wechselgeld nicht herausgeben, sondern vertröstete mich, ich solle ein wenig warten. Sein Vater sei im Keller und suche etwas. Geraume Zeit später kam der Senior mit einem Schuhkarton tatsächlich wieder in den Laden herauf und fing an, im Karton zu kramen. Endlich fand er das gesuchte Papier – das er über 40 Jahre aufgehoben hatte. Es war meine Geburtsanzeige, mit einem Gedicht des Vaters:

Noch weiß ich nichts von dir, mein Kind,
Nur daß dein Leben diese Nacht beginnt.

In Herbstlaub, sonnvergoldet, ist getaucht
Für dich, mein Kind, das Land, windüberhaucht –

Schau nur, wie alles deinen Einzug preist!
willkommen, du, wer du auch seist!

Und später:
Senk deine Wurzeln in die Erde ein:
Kein Glück ist größer als dies: Dazusein!

Der literarische Geschmack ändert sich. Aber dennoch gehen mir diese Zeilen heute noch unter die Haut, weil sie tatsächlich das Lebensgefühl beschreiben, das meine Eltern mir von Anfang an verschafft haben: Das Gefühl, erwünscht und willkommen zu sein, die Dankbarkeit, das Dasein als Glück begreifen zu können – und was interessieren Ruinen, wenn das Herbstlaub sonnvergoldet ist. Da war sie sicherlich wieder, die Fähigkeit zur Verdrängung aktueller Zustände, aber diesmal sah es nicht nach Flucht aus, sondern nach kraftvoller Lebenslust.

Meine Schwester Karin und ich wuchsen in einem literarischen Haushalt auf. Das hieß zunächst einmal: Bücher. Überall Bücher. Natürlich in allen proppenvollen Regalen. Dann aber auch auf Brettern über den Zimmertüren, in Stapeln neben den Tischen, auf den Tischen, kurz vor der Frankfurter Buchmesse auch in der Badewanne. Für »Welt und Wort«, die literarische Monatsschrift, die unser Vater gemeinsam mit dem Tübinger Verleger Ewald Katzmann herausgab, aber praktisch alleine produzierte, mussten monatlich über 100 Bücher rezensiert werden. Viele wurden verpackt und per Post an Mitarbeiter verschickt, aber viele blieben. In den 28 Jahren, in denen »Welt und Wort« erschien, wurden über 30 000 Bücher besprochen. Der Anteil der Exemplare, die der Vater nicht zur Post tragen wollte, wuchs beständig...

Aber neben den Büchern gehörten zum literarischen Haushalt auch die Produzenten von Literatur: Autoren, Journalistenkollegen, Verleger und Lektoren. Es war ein ständiges Kommen und Gehen. Ständig war Redaktionsschluß: Vater mußte Mitarbeiter mahnen, Aufsätze besprechen, Autoren zu Selbstporträts überreden, in Neuerscheinungen typische Leseproben aussuchen, Rezensionen der Mitarbeiter redigieren, selber zusätzliche verfassen, aus den Feuilletons der letzten Wochen Meldungen für die »Literarische Umschau« sammeln, die Familie mußte derweil alle bibliographischen Angaben der rezensierten Bücher alphabetisch nach Autorennamen und nach Titel ordnen und mit Mehlpapp aufkleben. Als Grundschüler habe ich von Klassenkameraden erfahren, daß deren Familien keine Zeitschriften herausgeben und am Wochenende alles mögliche machen können...

Die größte Besonderheit des elterlichen Haushalts war aber der Freundeskreis, der sich regelmäßig traf und Züge einer erweiterten Verwandtschaft annahm: »Onkel Ernst« und »Tante Franzi« hieß das Schriftsteller-Ehepaar Hoferichter, das etwas Weltläufigkeit in den Zirkel brachte. »Onkel Rudi« und »Tante Erika« nannten wir das Ehepaar Schmitt-Sulzthal, das sich jahrzehntelang um den Tukankreis verdient machte, um Münchens »Literarische Gesellschaft« mit so bekannten Repräsentanten wie Eugen Roth, Erich Kästner, Hugo Hartung oder Eugen Skasa-Weiss. »Onkel Oswald« hieß der Maler und Galerist Malura, der mit Rolf Flügel und meinem Vater die Bürgerversammlungen der Traumstadt des Lyrikers Peter Paul Althaus weiterleben ließ, Wilhelm Lukas Kristl gehörte ebenso zum Freundeskreis wie der Zeichner und Karikaturist Rolf Peter Bauer, der mit unserem Vater unzählige Persönlichkeiten aus Theater, Film und später Fernsehen in der Radio-Zeitung Gong vorgestellt hatte, jeweils mit einer Zeichnung und sehr vielen Versen. Häufig veranstaltete der Vater Hausmusik-Abende, erst mit Gleichaltrigen, später mit Freunden der Kinder.

Wie dieser Kreis war es auch die Familie gewöhnt, alles zu diskutieren. Das schien meiner Schwester und mir völlig selbstverständlich, bis wir von ihren Klassenkameradinnen und meinen Mitschülern erfuhren, daß das jedenfalls damals in anderen Familien keineswegs so war. Über alles wurde gesprochen, beim Frühstück, beim Mittagessen, beim Abendessen, hinterher beim Rundfunkhören, wenn der Vater Notizen für die Radiokritik machte. Wir wurden schon repressionsfrei erzogen, als die entsprechenden Theorien noch gar nicht publiziert waren. Es ging auch nicht um »antiautoritäre« Erziehung. Nur: Die Autorität mußte jedem Zweifel, jeder Frage, jedem Gegenargument gewachsen sein, sonst war sie halt keine. Kein Wunder, daß viele Gleichaltrige von uns Kindern diese Chance zur Aussprache nutzten.

Dabei war Karl Ude – wie es der jahrzehntelange Wegbegleiter und Karikaturist Ernst Maria Lang bei der Beerdigungsansprache gesagt hat – durchaus ein »Gschamiger«, einer, der sein intimes und privates Leben abschirmt und nicht zu Markte trägt, auch seine Empfindungen, sofern sie nicht mit dem kulturellen Leben zu tun haben, lieber zurückhält. Genauso pfleglich ist er mit anderen umgegangen, wenn er über sie, ihr Leben und ihre Arbeit geschrieben hat.

Karl Ude starb am 1. April 1997 im Alter von 91 Jahren, nachdem er wenige Wochen zuvor seinen letzten Artikel unter der programmatischen Überschrift »Es lebe die Schwabinger Kunst« als ältester deutscher Journalist in der »Süddeutschen Zeitung« veröffentlicht hatte. Er starb im Josephinum in der Schönfeldstraße, einem Gebäude, in dem er in der Nacht zum 7. Januar 1945 als Brandwache den brennenden Dachboden gelöscht und Kranke geborgen hatte. Vom Freundeskreis hatte er sich mit dem Zweizeiler verabschiedet:

»Bleibt mir gewogen bis zum Schluß!
Habt Dank! Mit Händedruck (und Kuß ...)«

Christian Ude

Expressionistische Dichtung

Wenn heute in modernen Kunstausstellungen, aber auch in Publikationen, die sich mit zeitgenössischer Kunst befassen, den Vertretern des Expressionismus ein besonders breiter Raum zugebilligt wird, so nicht deshalb, weil man den Expressionismus für die unserer Zeit allein entsprechende Kunstrichtung ausgeben möchte, sondern aus dem richtigen Empfinden heraus, daß die Auseinandersetzung mit dieser Erscheinung infolge der Verbote durch das Dritte Reich nicht organisch hat weitergeführt werden können und somit eine neue unbefangene Begegnung nottut, ungeachtet dessen, ob der Expressionismus den Höhepunkt seiner Entwicklung wie seiner Ausstrahlung bereits überschritten hat oder nicht.

Merkwürdigerweise hat man in diese Diskussion bisher so gut wie garnicht die expressionistische Dichtung und ihre Repräsentanten einbezogen, obwohl auch sie von der damaligen Verfehmung betroffen und demzufolge daran gehindert waren, das Gespräch mit dem Leser zu einem unanfechtbaren Ende zu führen. Man mag in diesem Zusammenhang an mehrere seit damals totgeschwiegene Namen denken, hier sei in Sonderheit auf eine Persönlichkeit wie Adele Gerhard hingewiesen, die zu den nicht allzu zahlreichen noch lebenden Vertretern der expressionistischen Prosadichtung gehört. Gleichaltrig mit heute wieder so vielgenannten Künstlern wie Emil Nolde, Lyonel Feininger und Ernst Barlach (sie wurde am 8. Juni 1868 in Köln geboren und vollendete in diesen Tagen ihr achtzigstes Lebensjahr), war sie mit ihren um 1920 erschienenen Prosabüchern »Pflüger«, »Lorelyn«, »Via sacra« und »Die Hand Gottes« von der Realistik ihrer früheren sozial-kritischen Romane weit abgerückt und zu einer balladesk gedrängten, geradezu lakonisch straffen und abstrahierenden Darstellungstechnik gelangt, die Julius Hart mit Recht als eine »expressionistische Kunst« bezeichnet hat, denn sie wollte »bewußt mehr Visionskraft als Logik sein, mehr seelisch und phantasievoll als intellektualistisch verstanden werden«. Als die Dichterin 1928 ihren sechzigsten Geburtstag beging, bekannten sich in einer Festschrift (»Stimmen der Zeit«) Persönlichkeiten wie Alfred Döblin, Carl Endres, Thomas Mann, Friedrich Meinecke,

Franz Werfel und Stefan Zweig zu ihr. Mehr noch bedeutete es ihr, daß zu eben jener Zeit ihre Bücher eine tiefere Einwirkung gerade auf junge Menschen auszuüben begannen – einen fruchtbar anspornenden Einfluß auf Lebensgestaltung und Gesinnung, der durch das Schreibverbot von 1933 jählings unterbunden wurde. Adele Gerhard ging wie viele andere in die Emigration (sie lebt heute als Bürgerin der USA im Staate Ohio) und schrieb dort einige, bisher unveröffentlicht gebliebene neue Werke, in denen sie ihrer um die Lebensmitte errungenen expressionistischen Grundhaltung ebenso treu geblieben ist, wie die zuvor erwähnten bildenden Künstler es taten. Nicht darum geht es hier, Dichtung dieser Art eine neue Wirksamkeit, ähnlich jener vor zwanzig und fünfundzwanzig Jahren, vorauszusagen, sondern allein um die Feststellung, daß man sich ihrer in ähnlichem Maße erinnern müßte wie etwa der Graphik eines Emil Nolde, der in seinem achtzigsten Lebensjahr von seiner Heimatregierung den Professorentitel erhielt – nicht zuletzt des zugefügten Unrechts wegen.

Welt und Wort 1948, S. 212

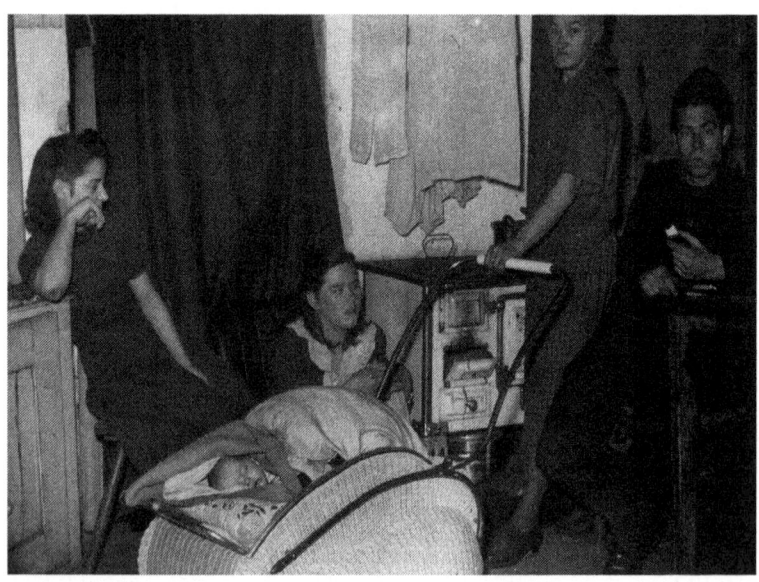

Nach dem Krieg

Podium für Poeten

Versuche verschiedener Art haben dies bestätigt: München bietet keinen fruchtbaren Boden für das gesprochene Wort, insbesondere nicht für den aus seinen Werken lesenden Schriftsteller. Autoren, die in Nord- und Westdeutschland vor vollen Sälen sprechen, finden hier, wenn sie in Hörsälen oder gar in einem Theater anläßlich einer Matinee vor ihr Publikum treten (mit nur wenigen Ausnahmen – Carossa gehört dazu), meist nur die ersten Stuhlreihen besetzt. Nicht daß man in München weniger musisch wäre, aber man ist sinnenfreudiger. Man liebt die Klangfülle der Oper und des Sinfoniekonzerts, man sucht die Augenweide von Bühne und Film (mit dem tagtäglich rund achtzig Lichtspielhäuser aufwarten!), aber Vortrag und Lesung erscheinen hierzulande zu wenig konkret, zu abstrakt, mehr anstrengend als erholsam und unterhaltend – niemand wirkt weniger ansprechend als der Ansprechende.

Unsere Schriftsteller aber, durch Kapitalmangel der vorsichtig gewordenen Verlage, durch Platzmangel der papierarmen Tagespresse um die Möglichkeit zu mancher Veröffentlichung gebracht, begrüßen mehr denn je die Chance, die ohnehin zurückhaltende Öffentlichkeit wenigstens durch eine Lesung von ihrer Arbeit wissen zu lassen. Es wäre indes ein selbstzerstörerisches Unterfangen, wollten sie – mit oder ohne Hilfe einer Agentur – einen Saal mieten und durch Plakatierung für ihre Lesung werben. Pianisten, Kammermusiker und Sänger, selbst solche, die »man kennt«, nehmen die Mühen eines Konzertes vielfach allein um der Kunst oder des Ruhmes willen auf sich, ohne jeden äquivalenten Gewinn, vielfach auch mit Defizit, und hernach bleibt sogar, nicht weil sie schlecht gespielt oder gesungen haben, sondern weil es der Zeitung an Raum für den Kritiker fehlt, der ersehnte Widerhall in der Presse aus. Um wieviel ungünstiger noch wären die Chancen für den Autor, wenn er ähnliches unternähme! Falls er Wert auf den gediegenen äußeren Rahmen legt, bleibt ihm nichts andres übrig, als zu warten, bis ihn eine Institution wie der verdienstvolle Bayerische Volksbildungsverband oder die um einiges exklusivere Akademie der Schönen Künste zu Gast lädt. Diese sind nahezu die einzigen in München, die einem Autor, ohne ihn mit dem Risiko der Veranstaltung zu belasten, Saal und Podium gewähren können. Jedoch wie selten bietet sich die Gelegenheit und wie wenigen ist sie vergönnt!

Gottlob gibt es noch eine andere Chance, eine spezifisch münchnerische sogar: die Lesung im Caféhaus. Hier fällt die hohe Saalmiete weg und aus dem Eintrittspreis wird ein geringer Unkostenbeitrag. Literarische Kreise mancherlei Gepräges haben sich seit Jahrzehnten immer wieder um gedeckte Tische mit Tassen und Gläsern zusammengefunden. Repräsentativ sind solche Veranstaltungen nicht, eher familiär, und es geschieht nicht selten, daß ein lyrisches Gedicht vom Geschirrgeklapper der Bedienung überblendet wird. Dafür wird andrerseits das Un-Sinnliche des Vortrags durch einen Schluck aus dem Schoppen Spezial, der vor dem Hörer steht, oder durch einen besinnlichen Zug aus der Zigarre wohltuend ausgeglichen.

Man kann diese Art von Literaturbetrieb für wenig zeitgerecht halten – in München ist sie die einzige, die dem Autor mit lobenswerter Regelmäßigkeit ein Podium verschafft, kein sehr breites, versteht sich, denn das gibt es nicht, aber immerhin doch eines vor aufgeschlossenen und schätzenswerten Hörern. Noch anfangs der dreißiger Jahre gab es mehrere solcher Kreise, zu denen – auf studentischer Basis – auch der berühmte »Kutscher-Kreis« zu zählen war; heute scheint der

Josef Seidl-Seitz: Nino Erné, Holzschnitt

»Tukan-Kreis« Rudolf Schmitt-Sulzthals der einzige Überlebende. Mittlerweile zwanzig Jahre alt, von denen er allerdings etliche, von einem Verbot des Dritten Reiches getroffen, untätig als Stammtisch verbringen mußte, lädt dieser Kreis seit geraumer Zeit wieder an der traditionsreichen Stätte des neuerstandenen Cafés Stephanie (ach, das alte Schwabinger Fluidum ist wohl unter den Ruinen geblieben!) Literaturfreunde zu Dichterlesungen ein. Zweimal, als Hans Brandenburg und der aus dem Exil heimgekehrte Leonhard Frank aus ihren Münchner Memoiren lasen, erstand vor den festlich gestimmten Auditorien noch einmal suggestiv ein Bild des Schwabings um die Jahrhundertwende und man spürte, daß es ein vom Zeitenlauf unabhängiges Stück München gibt, das sich dem, der es finden will, auch heute nicht verschließt. Man erlebte weiterhin eine sehr münchnerisch gefärbte und beschwingte »Tukanstunde für Hans Ludwig Held« und eine schlichte Gedächtnisfeier für Arnold Weiß-Rüthel und Hans Rudolf Rieder, die früher zu den »Tukaniern« gehört hatten. Der geschichtskundige Johannes Tralow und Siegfried von Vegesack, beide ihr Publikum effektvoll anfassende Vorleser, und Ernst Penzoldt, sich hier betont romantisch gebend, ergriffen weiterhin von der älteren Generation das Wort. Friedrich Märker, ansonsten unablässig um die Verbesserung der sozialen Position seiner Schriftstellerkollegen bemüht, zeigte sich hier als Dramatiker und Satiriker. Peter Scherz und Peter Paul Althaus schlugen dem genius loci nicht fremde kabarettistisch-humorige Töne an. Georg Schwarz, Rudolf Bach, Oda Schaefer und Hans Egon Holthusen bezeigten in ihren Schaffensproben die kulturbewußte Würde heutiger Dichtung. Horst Lange, Barbara Zachle und Walter Kolbenhoff, diesmal schelmisch heiter, taten mit ihrer realistisch gegenständlichen Prosa den Griff in die vertraute Wirklichkeit von Zeit und Leben, der Unterhaltendes erzählende Nino Erné und der gescheite, auch im Vers auf kulturpolitische Glossierung bedachte Rheinländer Georg Widmaier standen stellvertretend für den Nachwuchs.

Für die Entwicklung der deutschen Gegenwartsliteratur – das kann man getrost finden – mag das nicht unbedingt entscheidend sein, was bisher am Lesepult im Stephanie vorgetragen worden ist. Für die Kontinuität aber und die Regsamkeit des literarischen Lebens hier wie andernorts ist es wichtig, daß es Kreise wie den Tukan gibt, in denen der von sozialen Nöten hart bedrängte Autor nicht nur immer wieder ein Podium, sondern auch Widerhall findet.

Süddeutsche Zeitung 88 vom 17. April 1951, S. 3

Die Prominenten und der Rundfunk

Um den prominenten Autoren, die sich bisher für das Originalhörspiel aus angeblich finanziellen Gründen wenig interessiert haben, durch beträchtliche Erhöhung der Honorare einen beträchtlich höheren Schaffensanreiz zu geben, haben sich bekanntlich die Sender München, Bremen und Baden-Baden zu einer Gemeinschaftsproduktion zusammengeschlossen, die als erste repräsentative Sendung Carl Zuckmayers »Kaninchentod« bringen wollte. Zehn Tage vor dem längst festgesetzten Termin mußte man jedoch verkünden, daß der Dichter nicht fertig geworden sei und stattdessen ein anderes Stück eines anderen Autors gesendet werde.

Gewiß, das kann passieren und ist weiter nicht aufregend. Prominente sind nun einmal mehr in Anspruch genommen als gewöhnliche Autoren. Insbesondere Zuckmayer, der in den letzten Wochen nicht nur mit seinem Film »Der fröhliche Weinberg«, sondern außerdem noch mit der Abfassung seiner Frankfurter Rede sowie deren Buchfassung für den S. Fischer Verlag und dem Abschluß seines neuen Bühnenstücks »Ulla Winblad« beschäftigt war, dessen Uraufführung Heinz Hilpert längst auf seinen Spielplan gesetzt hat ...

Es ist nicht unsere Sache zu fragen, ob ein unkorrektes Verhalten von seiten des Dichters vorliegt. Wahrscheinlich wird er – an Bord oder auf seiner Farm – wieder produktiv genug sein, um allen eingegangenen Verpflichtungen gerecht zu werden. Etwas anderes vielmehr gibt dieser Fall zu bedenken: wie sehr sich unser Kulturbetrieb immer mehr auf buchstäblich eine Handvoll Prominenter konzentriert, ohne danach zu fragen, ob diese überhaupt imstande sind, die – weiß Gott! – verführerischen Angebote auch zu erfüllen. Wer heute ein Konzert veranstaltet, will Furtwängler als Dirigenten, Gigli als Sänger, Mainardi, Menuhin oder Gieseking als Solisten, wer einen Dichter am Vortragspult braucht, telegraphiert an Thomas Mann, wer einen Preis zu verleihen hat, denkt an Albert Schweitzer, dessen demütig dienende Haltung auf alles andere als auf glanzvolle Auszeichnungen gerichtet ist, und wer ein gutes Hörspiel haben möchte, wendet sich zunächst einmal an Zuckmayer.

R.B. Bauer: »Der Olympier«, Artur Kutscher, Federzeichnung

Nichts gegen die Prominenten, aber alles gegen einen Betrieb, der Starkult mit Kulturpflege verwechselt. Da die Herren von der Gemeinschaftsproduktion nunmehr als ihre ersten Sendungen Hörspiele von guten jüngeren Autoren, von Hellmut von Cube und Walter Jens, angesetzt haben, scheinen sie uns auf einem richtigeren Wege als zuvor.

Welt und Wort 1952, S. 405 [gekürzt]

Werk und Wirken Artur Kutschers
Zu seinem 75. Geburtstag am 17. Juli 1953

Das Wort »außerordentlich« hat von jeher eine zwiespältige Rolle gespielt im Leben dieses Hochschullehrers, der seit nahezu einem halben Jahrhundert, seit seiner Habilitation über »Hebbel als Kritiker des Dramas« im Jahre 1907, fast ununterbrochen vor den Münchner Studenten doziert hat. Doziert in jener unverwechselbar persönlichen Art: unablässig mimisch bewegt, wie es sich für jemand gehört, der den Mimus als den Ursprung aller Theaterkunst ansieht; dabei aber nie zungengewandt mit dem Wort umgehend, sondern um jede Formulierung inbrünstig ringend, die Sätze mühsam oft aus der Tiefe grabend (Bergleute waren nicht zufällig unter seinen Ahnen) und mit einer heiser gepreßten Stimme erruptiv hervorbringend. Die Fakultät hat es nicht für angebracht gehalten, ihm die Würde eines Ordinarius zu verleihen. So ist er zeit seines Lebens bloß ein »außerordentlicher« Professor geblieben; ihm selbst muß dies als Verkennung und Kränkung erscheinen, die ihn mitunter in sarkastisch bittere Polemik gedrängt hat. Seine Studenten aber sahen dies anders, versöhnlicher: für sie war er in erster Linie stets ein außerordentlicher Mann, und das galt ihnen mehr. Wie nur wenige Professoren hat Artur Kutscher ständig einen großen, treuen Kreis von Schülern um sich gehabt, der sich ihm dankbar verbunden weiß, o b w o h l die Mehrheit von ihnen – und das ist abermals außerordentlich! – kein abgeschlossenes Studium aufzuweisen hat. Viele seiner Hörer nämlich, die zwei, drei Jahre und länger zu seinem Kreise gezählt und fleißig mitgearbeitet haben, sind eines Tages ohne Doktorhut und Staatsexamen in die Welt gezogen, nicht etwa, weil sie an der Methode ihres Lehrers irre geworden wären, wie es mancher Außenstehende unterstellen möchte, sondern weil Artur Kutscher sie jenen Weg gewiesen hatte, der unmittelbar ins Leben mündet.

»Wir arbeiten um des Wirkens willen« – ist das bewußt vertretene Motto seiner Vorlesungen und Seminare gewesen, und dies auch ist der Grund für die starke Anziehungskraft, die er auf alle jene jungen Menschen unter seinen Studenten ausgeübt hat, die sich einmal den Musen verschreiben wollten, sei es dem Theaterspielen, dem Film oder der Dichtung. Sie fanden in seiner Methode der literarischen Kritik und Stilkunde, die nun endlich in zwei Bänden gedruckt vorliegt (Dorn-Verlag, Bremen), das, was sie für die spätere Praxis brauchen konnten: ein organisch aufgebautes System mit klaren Begriffsbestimmungen und von tiefer Einsicht in das Wesen der Kunst, die als »Blüte zugleich und Befruchtung des Seins« begriffen wurde. Künstlerisch wertvoll nennt Kutscher »die lebendige, organische, unbedingte Wesenheit von ausstrahlendem Lebensgefühl, und zwar jede, alle«. Demzufolge auch lehnt er es ab, die Kunst auf die Notdürfte des bürgerlichen Seins zu verpflichten, sondern »nur auf das Leben im Ganzen, und das Leben ist ein Ungeheuer, das der Deutung aller Aufklärer und Nützlichkeitsapostel trotzt, elementar, gewaltig in seinen Gegensätzen, erschreckend und doch immer wieder ehrfurchterweckend in seiner Größe und endlich auch befriedend«. Gerade diese Auffassung, »daß die Kunst wie kaum etwas anderes auf dieser Welt zum Mitwirken am Leben da ist«, bekräftigte viele, die durch seine Hörsäle gingen, in ihrem eigenen künstlerischen Streben und verband sie ihrem Lehrer.

Ein weiteres Verdienst Kutschers ist die Begründung der Theaterwissenschaft, die er über die bloße Theatergeschichte hinaus erweiterte zu einer gründlichen Beschäftigung mit den mimischen Äußerungen aller Zeiten und Völker, mit Literatur-, Kunst-, Musik- und Kulturgeschichte, mit Theaterarchitektur, Völker- und Kostümkunde, und schließlich auch mit praktischer Dramaturgie und Regie, so daß er bei seinen Schülern neben wissenschaftlicher Begabung auch einen »Tropfen Theaterblut« voraussetzen mußte, ohne den niemand den Weg zur Bühne findet. Ein derart angelegtes Studium aber kann nicht in der Theorie stecken bleiben, sondern es verlangt nach der Berührung mit der Praxis. So kam es zu studentischem Theaterspiel, zu den Festen der »Zirkusleute«, als deren berühmteste Attraktion die »Vier Nachrichter« zu Erfolg und Namen kamen, und so entstanden vor allem die zahllosen wissenschaftlichen Exkursionen, die in den Studenten der Theaterwissenschaft nicht nur die Reiselust weckten, sondern sie auch mit den bedeutendsten Theatern Europas bekannt machten. Von den nahen oberbayerischen Bauerntheatern, denen Kutscher als den ursprünglichsten deutschen Laienbühnen von jeher viel Aufmerksamkeit schenkte, führen die Reisen durch den gesamten deutschen Sprachraum und darüber hinaus nach Paris, Südfrankreich, durch Italien, Sizilien, Griechenland und Spanien, um das Theater der Antike auf dem Boden zu studieren, auf dem es wuchs.

Indessen auch in München selbst schlug Artur Kutscher Brücken von der Wissenschaft zur Kunst. Stets hat er Fühlung mit den Dichtern der Zeit gehabt, von dem Münchner »Olympier« Paul Heyse und dem streitbaren Max Halbe bis hinab zu den jüngsten, unbekannten, die schamhaft oder selbstbewußt ihre ersten Verse in der Tasche trugen. Viele bekannte Schriftsteller von gestern und heute sind einmal oder mehrfach Gast in seinem Seminar gewesen, haben an den berühmten Autorenabenden des Kutscherkreises gelesen und in dem tapfer gegen sein fortschreitendes Ohrenleiden ankämpfenden Professor einen aufgeschlossenen, verständnisvollen Kritiker schätzen gelernt. Manch einem auch, der längst zu den Toten zählt – Liliencron, Dehmel, Wedekind, Löns, Klabund –, war Kutscher Berater und Freund.

Daß er daneben Bemerkenswertes in Büchern niedergelegt hat, in der genannten Stilkunde, in den »Elementen des Theaters«, in dem Büchlein über die »Ausdruckskunst der Bühne«, im »Salzburger Barocktheater«, in der dreibändigen Wedekind-Biographie und manchen andern, versteht sich von selbst bei einer solch vitalen, sich unablässig mitteilenden Natur. Dennoch: die tiefergehende Bedeutung seiner Wirksamkeit liegt heute noch mehr als in der Mittelbarkeit seines Schrifttums im Unmittelbaren: in seinem persönlichen Einfluß auf die Menschen, die sich seine Schüler nennen und von denen viele in Theater, Film, Zeitung und Literatur längst an wichtiger Stelle stehen; in seinem suggestiven Dozieren im Hörsaal wie auf Reisen, in seiner anregenden Vermittlung eines basierten Wissens, eines profilierten Urteils und eines unbeirrbar starken Glaubens an die Mächte des »Ungeheuers« Leben. Eine mannhaft markante Persönlichkeit, erwachsen aus niedersächsischem Boden und vom Münchner Klima mitgeprägt, eigenwillig, ja hartköpfig in vielem, doch immer auch weltoffen und stets mehr gebend als nehmend, mehr dienend als gewinnend; außerordentlich – als Professor, aber auch als Mensch.

Welt und Wort 1953, S. 250

Literarische Kontroverse
in falscher Tonart

Öffentliche Polemiken haben mitunter ihr Gutes. Dann nämlich, wenn sie eine Reinigung der Atmosphäre erwirken. Das aber können sie nur, wenn sie mit Sachkenntnis und wirklicher Überlegenheit geführt werden, wenn die vorgebrachten Argumente Überzeugungskraft haben und die Ironie darin nur die Wurzel ist, nicht aber ein Ersatz für die Kompetenz des Angreifers. Andernfalls wird die Polemik zum Bumerang und trifft zuletzt den, der sie ausgelöst hat. Das zu beobachten ist peinlich, besonders dann, wenn die Beteiligten so etwas wie einen Namen dabei riskieren. Oder wenn man von ihnen annehmen durfte, daß sie sich einem bestimmten Niveau verpflichtet fühlen, und sie ihre Schlachtgesänge dennoch in falscher Tonart anstimmen. Dafür ein eklatantes Beispiel aus jüngster Zeit, dessen Anlaß allerdings schon etwas weiter zurückliegt.

Vor anderthalb Jahren brachte eine Zeitung (genauer: die »Neue Zeitung«) einen Aufsatz unter dem bezeichnenden Titel »Märtyrerkronen ohne Köpfe / Ein deutliches Wort zu einer Literatur, die keine ist«, der gegen Blunck, Grimm, Kolbenheyer und andere »Dichter deutscher Volkheit« gerichtet war. Er wurde scheinbar widerspruchslos hingenommen. Nach mehr als einem Jahr kommt nun Prof. Dr. Franz Koch darauf zurück, und zwar – da er offenbar kein anderes Podium für seine Stellungnahme finden konnte – im Vorwort zu seinem neuen Buche »Kolbenheyer«, das er zum 75. Geburtstag (Dezember 1953) des »Dichters, Denkers und Freundes« in der Göttinger Verlagsanstalt erscheinen ließ. Koch hat bereits 1929 ein Buch über Kolbenheyer geschrieben – das mag ihn vor dem Vorwurf bewahren, ihm sei die Bedeutung des Dichters erst mit dem Dritten Reich aufgegangen, in dem er auch seine dem damaligen Zeitgeist verpflichtete »Geschichte der deutschen Dichtung« herausgab. Nein, Koch ist seit Jahrzehnten und über ein »Jahrtausend« hinweg ein getreuer Gefolgsmann seines Dichters und dieser dürfte an seinem Buch ungetrübte Freude haben, denn es ist ein durchgehender Lobgesang, ein bewunderndes Gutheißen vom Anfang bis zum Ende und nicht einmal eine so intellektuell konstruierte Geschichte wie »Die Begegnung auf dem Riesengebirge«, die Johannes

Pfeiffer kürzlich in seinen trefflichen »Wegen zur Erzählkunst« (Wittig-Verlag, Hamburg) sehr stichhaltig zerpflückt hat, erhält hier ein einschränkendes oder gar kritisches Wort. Nun ja, Koch hat bemerkt, daß der von ihm verehrte Dichter seit Kriegsende beträchtlich an Boden verloren hat, und da setzt er also – wie man damals zu sagen pflegte – zum Gegenstoß an. Als literaturkritischen Beitrag kann man sein panegyrisches Werk nicht diskutieren (allerdings: welche Monographie über einen lebenden Künstler wäre nicht panegyrisch intoniert?!), aber als Freundesgabe ist es gewiß sachkundig und aufschlußreich. Doch zurück zum Vorwort. Man liest dort über den besagten »von Christian Ferber gezeichneten« Aufsatz unter anderem folgendes:

Eifrig werde, heißt es da, in germanischen Katakomben »an Märtyrerkronen geschmiedet, die den ach so ganz und gar ungerecht verfolgten ›Dichtern‹, diesen Kündern ebenso seltsamer wie wechselnder Wahrheiten, auf die eherne Stirne gedrückt werden sollen«. In der ersten Garnitur »führender Dichter« werde immer wieder auch Kolbenheyer genannt. »Kolbenheyers drei erzählerische Hauptwerke, die Paracelsus-Trilogie, der Spinoza-Roman ›Amor Dei‹ und ›Das gottgelobte Herz‹ sind trotz ihres altertümelnden Stils und der aus den Fingern gesaugten (statt gesogenen) Atmosphäre wenigstens stofflich achtenswerte Fleißleistungen.« Nur Zeitungspapier erträgt ein so verzeichnetes Bild wie das von der aus den Fingern gesogenen Atmosphäre, das, ernst genommen, nur die völlige Ahnungslosigkeit bekundet, wie es im Leben der deutschen Vergangenheit ausgesehen haben mag, ganz abgesehen davon, daß dieses schöne Bild logisch sofort wieder aufgehoben wird. »Eine (richtig: die) Literaturgeschichte späterer Zeit wird, fährt Ferber fort, Kolbenheyer einen Strebenden nennen, dem es versagt blieb, zur Klarheit zu gelangen!« Überlassen wir das Urteil der Zukunft dieser Zukunft und beschäftigen wir uns mit diesem gegenwärtigen. Eine Ungeheuerlichkeit, um es nicht anders zu nennen! Ein Schlag ins Gesicht aller derer, die noch Achtung empfinden vor einem Lebenswerke höchsten sittlichen Ernstes, denkerischer Zucht, Weite und Fülle und längst gesicherten künstlerischen Ranges. Derer sind mehr, als der Verfasser, über den kein Handbuch Auskunft gibt, der also offenbar durch keinerlei Leistung zu seinem Amte sich berufen fühlen könnte, zu wissen oder auch zu ahnen scheint.

Man braucht nicht ein Freund Kolbenheyers zu sein wie Prof. Koch, um zu finden, daß der Verfasser der Polemik sich im Ton vergriffen hat und bedenklich in die Nähe jenes respektlosen Jargons gerückt ist, in dem man vor gerade zwanzig Jahren etwa über Thomas Mann und Alfred Döblin schrieb – damals nämlich, als man die tendenziös verfärbte Kritik der sachlichen vorzog. »Wenigstens stofflich achtenswerte Fleißleistungen« – das ist bewußt herabsetzend formuliert und im übrigen genau so wenig zutreffend wie Kochs Behauptung, Kolbenheyer habe ein Lebenswerk »längst gesicherten künstlerischen Ranges« aufzuweisen. Die Wahrheit dürfte in der Mitte zwischen diesen polaren Meinungen liegen und die Zukunft wird, so ist anzunehmen, den ebenso maßlos attackierten wie maßlos verteidigten Dichter weder unter die Götter noch unter die Dämonen und Nichtskönner einreihen.

In diese Kontroverse zwischen Ferber und Koch greift nunmehr der in Salzburg erscheinende »Europäische Kulturdienst« ein. Sein Herausgeber ist Kurt Ziesel, der auf Grund seiner politischen Vergangenheit noch immer vorbehaltlos auf Kolbenheyers Seite steht und deshalb Kochs Schrift als eine »meisterhafte« Darstellung preist. Auch Ziesel geht es um Zurückgewinnung des verlorenen Bodens und so liefert er denn zu Kochs Vorwort – und deshalb zitieren wir ihn – folgende Ergänzung, der er die eines »Kultur«- dienstes wenig adäquate Überschrift »Der mißratene Sprößling Ina Seidels« gab:

Nicht ohne Erschütterung muß man feststellen, daß es sich bei Christian Ferber, was Professor Koch offenbar nicht weiß, um das Pseudonym für einen Sohn Ina Seidels handelt. Dieses knapp zwanzigjährige Bürschchen, das es in einer so penetranten Weise wagt, über einen Mann wie Kolbenheyer herzufallen, der schon Weltgeltung besaß, lange bevor das Tausendjährige Reich angebrochen war und lange bevor dieses Bürschchen das Licht der Welt erblickt hatte, ist also der Sohn jener Ina Seidel, die ebenfalls schon lange vor Ausbruch des Dritten Reiches mit eben jenem E. G. Kolbenheyer gemeinsam in der Akademie für Dichtung saß. Uns scheint, daß hier die große Dichterin ein wenig ihre erzieherischen Aufgaben verabsäumt hat und daß es daher an der Zeit ist, dieses mißratene Früchtchen in seiner wirklichen Herkunft dem Gelächter der Öffentlichkeit preiszugeben.

Hatte sich Ferber bereits dem VB-Stil genähert – hier finden wir ihn in Reinkultur! »Les extrêmes se touchent!« Freilich ist es alles andere als geschmackvoll oder gar ein Zeichen von Takt, wenn jene verurteilenswerte Polemik ausgerechnet von dem Sohne Ina Seidels vom Zaune gebrochen wird, die mit dem angegriffenen Kolbenheyer seinerzeit nicht selten im gleichen Atem genannt worden ist und in Langenbuchers »Volkhafter Dichtung« (1937) sogar in dem Kapitel – »Blut und Rasse« (!) ausführlich behandelt wird, aber trotzdem – ein »knapp zwanzigjähriges Bürschchen« ist dieser Georg Seidel denn doch nicht! Er wurde bereits, was leicht im Kürschner nachzuschlagen gewesen wäre, 1919 geboren, steht also inzwischen in der Mitte der Dreißig und er hat außerdem, was offenbar auch Herr Ziesel nicht weiß, unter einem weiteren Pseudonym – »Simon Glas« – zwei Romane bei Westermann veröffentlicht: »Das Netz« und »Die schwachen Punkte«. Wir wollen nicht ironisch fragen, ob es sich hierbei um mehr als »achtenswerte Fleißleistungen« handelt und ob Georg Seidel, Christian Ferber oder Simon Glas die »schwachen Punkte« zuzuschreiben sind, denn es geht uns hier weder um Kolbenheyer noch um den Nachwuchsautor Simon Glas, sondern um nicht weniger als um die Würde einer kritischen Auseinandersetzung, und diese ist von beiden schmählich verletzt worden – von Christian Ferber wie von Kurt Ziesel. Es ist nicht vertretbar, angesichts der Novellen von Hans Grimm, der Märchen von Blunck oder auch angesichts einiger Romane von Kolbenheyer zu sprechen von einer »Literatur, die keine ist« – mag man auch gegen ihre Verfasser noch so gewichtige politische Einwände haben –, und es ist ebensowenig berechtigt, Kolbenheyer das höchstmögliche Prädikat, nämlich »Weltgeltung« anzudichten, die er nie besessen hat. Erst recht vom Übel aber ist es, wenn Wörter wie »Bürschchen« und »mißratenes Früchtchen« in die Debatte geworfen werden. Da braucht man sich nicht zu wundern, daß hierzulande trotz vieler Bemühungen kein rechtes literarisches Gespräch in Gang kommt, wenn selbst Kritiker und Kulturdienst die gegenseitige Anpöbelei an die Stelle einer basierten Polemik setzen, die allein unter geistigen Gegnern angemessen ist.

Welt und Wort 1954, S. 116 f.

Verwertung literarischer Rechte und – typisch deutsche Zwietracht

Die Entwicklung der technischen Mittel zur Verbreitung und Vervielfältigung und deren kommerzielle Ausnutzung hat nicht nur für die Musik, sondern auch für die schriftstellerische Produktion neue Möglichkeiten wirtschaftlicher Auswertung mit sich gebracht, von deren Erträgen allerdings die Werkurheber und sonstigen Berechtigten bisher weitgehend ausgeschlossen blieben. Es handelt sich beispielsweise um die Rechte zur öffentlichen Wiedergabe eines Werkes mittels Rundfunk- oder Fernsehempfangs (vor allem in Gaststätten), um die Rechte der Vervielfältigung durch Fotokopie, Mikrokopie und Bildwerfer und vor allem um die Rechte der Vermietung und entgeltlichen Gebrauchsüberlassung an Vervielfältigungsexemplaren des Werkes, also um die sogenannten Mietbücherei-Tantiemen. Die dreizehn großen deutschen Schriftstellerverbände haben seit geraumer Zeit miteinander verhandelt, um zur Wahrnehmung dieser Rechte eine entsprechende Gesellschaft zu gründen. Das ist Ende Januar in Hannover mit Unterstützung des Niedersächsischen Kultusministeriums geschehen. Mit der »GELU«, der »Gesellschaft zur Verwertung literarischer Urheberrechte«, wurde für die Schreibenden etwas ähnliches geschaffen, wie es die »GEMA« für die Musiker darstellt.

Auf einer in München einberufenen Pressekonferenz gab Dr. Hans J. Rehfisch, der Vorsitzende des GELU-Verwaltungsrates, Näheres über die Gliederung der Gesellschaft und ihre Arbeitsweise bekannt ...

Leider ist es nicht gelungen, Differenzen sachlicher und personeller Art zwischen der GELU und dem dreizehnten Schriftstellerverband, dem bayerischen SDS, rechtzeitig aus der Welt zu schaffen. Der SDS, der mit 700 Mitgliedern die größte deutsche Schriftstellervereinigung darstellt, sieht sich demzufolge gezwungen (so beschloß die diesjährige Mitgliederversammlung), nicht nur seinen Mitgliedern von einer Abtretung ihrer Rechte an die GELU abzuraten, sondern auch eine der GELU ähnliche eigene Verwertungsgesellschaft zu gründen – wodurch allerdings bei diesen wichtigen Bestrebungen, die der Gesamtheit der Autoren wirtschaftliche

Verbesserungen eintragen sollen, von vornherein die Gefahr einer unfruchtbaren Zersplitterung gegeben ist. Wir finden deshalb, die dringlichste Aufgabe in der nächsten Zeit kann für die GELU wie für den bayerischen SDS nur die sein, die aufgekommenen Differenzen durch Kompromisse auf beiden Seiten wieder aus der Welt zu schaffen, um bei der Erkämpfung und Wahrung der genannten literarischen Rechte die größtmögliche Schlagkraft entwickeln zu können. Andernfalls werden es die bisherigen Nutznießer der Rechte verstehen, aus dieser typisch deutschen Zwietracht Vorteile zu ziehen.

Welt und Wort 1956, S. 139 [gekürzt]

Der Stachus 1956

Lehrer contra Dichter

Gegen die Sendung des Hörspiels »Die Räuberbande«, von Leonhard Frank schlecht und recht aus seinem gleichnamigen Roman entwickelt, hat die Lehrerschaft einer süddeutschen Schule geschlossen beim Bayerischen Rundfunk sowie bei verschiedenen kirchlichen und weltlichen Stellen schärfstens protestiert. Nun ist allerdings literarisch wenig zugunsten dieses Funkspiels anzuführen: Es bietet nur einige wenige Episoden aus dem Roman in einer skizzenhaften Szenenfolge und vergröbert dabei die Typen, vor allem die Gegenspieler der Jugendlichen. So haben die Lehrer recht, wenn sie die »Schwarz-Weiß-Malerei« in Franks Figurenzeichnung beanstanden, wodurch fraglos Wesentliches verzeichnet erscheint. Indessen der Ansatzpunkt ihrer Kritik ist ein anderer: »Wir betrachten die Darstellung des Lehrers ... als eine niederträchtige Beleidigung der bayerischen Lehrerschaft ... Sollte es im Jahre 1893 wirklich einen derartigen Sadisten von einem Lehrer gegeben haben, was wir übrigens sehr bezweifeln, so gibt es ihn jedenfalls heute nicht! Wozu also diese gemeine Verächtlichmachung eines Standes« usw. – Aber meine Herren! Wo ist denn in der »Räuberbande« von einem ganzen Stand die Rede? Es handelt sich um ein verwerfliches Einzelexemplar aus der Gründerzeit, und ein solches müssen Sie dem Autor, der ja von eigenen Erinnerungen spricht, ebenso glauben wie derzeit den Zeitungsberichten den niederrheinischen »Pädagogen« Keubler, der sich an 136 seiner Zöglinge sadistisch vergangen hat und soeben zu acht Jahren Zuchthaus verurteilt worden ist! Wir alle, welchem Stand wir auch angehören, müssen es hinnehmen, daß es in unseren Reihen den einen oder anderen Versager gibt, dessen wir uns zu schämen haben, aber wir können dem, der von diesem einen spricht, nicht das Wort verbieten mit der Begründung, er betreibe die »gemeine Verächtlichmachung eines Standes«. Ohne den bösartigen Lehrer Mager wäre die (übrigens recht harmlose) Frank'sche »Räuberbande« überhaupt nicht vorhanden: Gerade w e i l er die Burschen derart unter Druck setzt, träumen sie davon, aus Rache einmal die Stadt anzuzünden und den Lehrer an den Marterpfahl zu binden. Aber keine Angst! Nicht

R.B. Bauer: Leonhard Frank, Federzeichnung

einmal Leonhard Frank, der sich gern als »Bürgerschreck« gibt, geschweige denn die Wirklichkeit läßt es so weit kommen! Die romantisierenden »Räuber« bei Frank klauen bloß Weintrauben (das soll auch heute noch vorkommen!), und als größere Taten folgen sollen, da sind sie alle, diese »halbstarken« Burschen, über das aufbegehrende Pubertätsalter hinausgewachsen – dies ist das Schönste und Gültigste an Franks Spiel, für das wir, wie gesagt, sonst wenig Positives anzuführen wissen.

Nicht also dieses etwas fragwürdige Hörspiel soll hier verteidigt werden, sondern die Freiheit des Schriftstellers, auch einmal einen unkorrekten Eisenbahner, Rechtsanwalt, Arzt, Briefträger, Steuerberater, Journalisten oder – Verzeihung! – Lehrer in seinem Werk darzustellen, ohne deshalb gleich den schärfsten Protest eines zutiefst beleidigten Standes befürchten zu müssen (den er als solchen keineswegs hat treffen wollen!). Nicht zuletzt auch gäbe es nichts mehr zu erzählen und erst recht nichts mehr zu dramatisieren, wenn jedermann sich bloß – korrekt verhielte! ...

Welt und Wort 1956, S. 235

Wanderer zwischen zwei Welten
Zum 75. Geburtstag von Leonhard Frank

In seinem autobiographischen Roman »Links wo das Herz ist« hat Leonhard Frank, der heute vor 75 Jahren in Würzburg geboren wurde, manches Erhellende über sich und sein Schaffen ausgesagt. Er bemühte sich, so heißt es einmal, »jeden Satz so klar und einfach wie möglich zu bauen, damit jeder Leser mühelos verstehen könne, was er liest. Er befolgte das Grundgesetz: Die Arbeit muß der Schriftsteller tun, nicht der Leser.« (Wie selbstverständlich klingt das! Und wie wenige richten sich danach!)

Diesem Willen zu einem mehr aussparenden als ausmalenden Stil, der vergleichsweise dem J. P. Hebels näher steht als dem seiner meisten schreibenden Zeitgenossen, ist Leonhard Frank von der 1914 erschienenen »Räuberbande« bis heute treu geblieben. Eine Folge solch zuchtvollen Stilwillens, den zu unterschätzen man angesichts der schlichten Frankschen Diktion leicht versucht sein könnte, ist der geringe Umfang seiner Bücher. Er hat stets »auf spartanische Weise viel und dennoch nichts« weggelassen und war sich dabei bewußt, daß »der verkürzt geschriebene Roman unvergleichlich mehr Hingabe und Arbeit als der dickbäuchige« koste.

Dieser präzisen künstlerischen Zielsetzung verdankt er nicht nur den Welterfolg seiner Bücher, die längst in die Literaturgeschichte eingingen, sondern sie auch hat Leonhard Frank, der von Anfang an ein politischer Mensch gewesen ist, davor bewahrt, ein nur-politischer Schriftsteller zu werden. Seine Jugend- und Entwicklungsjahre fielen in die Wilhelminische Zeit, das heißt für ihn, in eine Zeit provozierender Autoritätsgläubigkeit, und so sah er sich sehr jung schon zu Auflehnung und Opposition gegen das Obrigkeitsprinzip gedrängt, dem er hätte »untertan« sein sollen. Die Erziehungsmethode jener Jahre bedeutete für ihn, »die Knaben in Angstbesessene zu verwandeln«. Gleichviel ob er sensibler war oder tiefer verletzt worden ist als andere – er hat unsäglich darunter gelitten und vor allem den Typ des Lehrers, der in einigen seiner Bücher als »Herr Mager«, in anderen als »Herr Dürr« vorkommt, immer wieder unversöhnlich aufs Korn genommen. Im Roman »Die Ursache«, in dem sich der Autor ebenfalls von mitgeschleppten Komplexen und Ressentiments zu befreien sucht, erwürgt der dreißigjährige Dichter sogar den Lehrer Mager, um sich an ihm für die freudlose Kindheit zu rächen. Allergisch ist Frank ferner gegen Militärs aller Art, denen er einst mit seinem dem Expressionismus verpflichteten Zyklus »Der Mensch ist gut« pazifistisch revolutionäre Anklagen entgegenschleuderte, gegen Geldleute (»da es unmoralisch sei, Zinsen zu nehmen«), gegen Lehrherren und Polizisten. Stets fühlte er mit den Erniedrigten und Beleidigten, und so wurde er zwangsläufig – obwohl er, wie er selbst sehr wohl weiß, immer mehr wie ein »konservativer Herr« aussieht – zu einem kompromißlos links stehenden Schriftsteller, der eben deswegen zweimal, einmal vier und einmal siebzehn Jahre, hat in die Emigration gehen müssen. Seit 1950 ist er aus dem Exil heimgekehrt, aber das Land, das er suchte, fand er weder im deutschen Westen noch im deutschen Osten; er, der unbeirrbare Individualist und Non-Konformist, ist ein »Wanderer zwischen zwei Welten« geworden, dessen Bücher sich hüben und drüben in verschiedenen Ausgaben an den deutschsprachigen Leser wenden müssen, er ist ein Mann der heimatlosen Linken, der nach

R.B. Bauer: Erich Kästner, Federzeichnung

und trotz vielen Enttäuschungen eines nicht verloren hat: seinen Glauben an den Menschen.

Leonhard Frank ist einer der sieben »Ehren-Tukane«, und so ließ es sich der Tukankreis nicht nehmen, den Jubilar gebührend zu feiern. *Max Stefl* rühmte an dem Dichter, dessen Kernproblem die Beziehung des einzelnen zur Umwelt sei, die Übereinstimmung von Persönlichkeit und Werk, und daß er sich nie einer Macht gebeugt habe, nicht einmal der des literarischen Erfolgs. *Ernst Müller-Meiningen jr.*, als Freund des Autors sprechend, zeigte die tragischen Wendepunkte im Leben Franks auf, die ihn zweimal zur Flucht zwangen. Leider habe man es ihm nach seiner Rückkehr nicht leicht gemacht, hier wieder heimisch zu werden, obwohl sein Werk eine einzige Beschwörung der humanen Kräfte in unserem Lande sei. Obschon »ein Sozialist aus dem Herzen«, sei er kein Parteimann und nichts weniger als ein Opportunist. Seine Bücher hätten es deswegen verdient, bei uns nicht weniger gelesen zu werden, als ihre Übersetzungen in aller Welt gelesen werden. Nach weiteren Glückwünschen von Bürgermeister Hieber (Brief), W. F. C. Behl und P. P. Althaus las der Dichter zwei Erzählungen aus seiner New Yorker Zeit, beide vielleicht für diesen Zweck nicht glücklich ausgewählt, jedoch bezeichnend für ihren Verfasser. In der ersten rebellieren zwei vom Alltag tyrannisierte Männer (allerdings im Rausch) höchst sinnfällig gegen die lebentötende Macht der Gewohnheit, in der zweiten klang ein Lieblingsthema Franks auf: die magisch wirksam werdende Einbildungskraft des Eros, die er an der liebenswürdigsten Figur seiner dichterischen Phantasie, der Hanna des »Ochsenfurter Männerquartetts«, selbst hat erleben dürfen.

Süddeutsche Zeitung 212 vom 4. September 1957, S. 3

André Maurois zu Gast bei Cuvilliés

Daß nicht nur Mozartsche Musik auf einzigartige Weise mit dem Geist des Alten Residenztheaters zusammenklingt, sondern genauso auch der graziöse Wohllaut der französischen Sprache, insbesondere dann, wenn sie in ihrer geistigen Klarheit vom großen Jahrhundert der Franzosen mitgeprägt ist, das auch das Jahrhundert Cuvilliés war, bewies der erste Abend der von der Stadt München veranstalteten »Internationalen Dichterlesungen«, die dank Erich Kästners Anregung an diesem festlichen Ort stattfinden. Kein faszinierenderer Auftakt ist denkbar als der, den *André Maurois* dem repräsentativen Zyklus mit seiner Lesung gab. Er, ein »écrivain« wahrhaft internationalen Ranges, ein Enkel und Erbe Montesquieus und seiner Zeit, vielfacher Ehrendoktor und Kommandeur der Ehrenlegion, spricht seine Muttersprache mit heller, jugendlich wirkender Stimme so melodiös (im Vers sogar mit leicht singendem Pathos), daß sein Vortrag schon rein vom Klang her ästhetisches Vergnügen bereitete.

Von Erich Kästner, seinem Schriftsteller- und PEN-Club-Kollegen mit wohlpointierten deutschen und todesmutig abgelesenen französischen Sätzen begrüßt, vermittelte Maurois mehr als eine Querschnitt durch sein vielseitiges, nach Wert und Umfang »atemberaubendes Schaffen« (Kästner), nämlich ein aus gut ausgewählten Ausschnitten und verbindenden Conférences komponiertes Selbstporträt, darin Gedichte aus der frühen Zeit des »Obersten Bramble« ebenso Raum fanden wie charakteristische Kurzgeschichten und Romankapitel wie Passagen etwa aus der berühmten Disraeli-Biographie und die Rede auf Jean Cocteau, die Maurois als »directeur de l'Académie française« vor wenigen Jahren gehalten hat: ein brillantes Wortfeuerwerk voll Esprit, dessen aphoristische Pointen schlaglichtartig zwei divergierende Persönlichkeiten aufs reizvollste erhellten – den Redner wie den Gefeierten.

Als Kind, so erzählte Maurois dann, habe er vor nichts mehr Furcht gehabt als vor den Ungeheuern des Dunkels (»peur des monstres de la nuit«), und sein Wunsch sei gewesen, später selbst einmal wie der alte Laternenanzünder in der heimatlichen Provinzstadt Lichter anzustecken. Der Dreiundsiebzigjährige mit dem scharfgeschnittenen Profil, dem die ehrwürdigen Rokokomöbel vor dem prächtigen Bühnenvorhang nicht schlecht zu Gesicht standen, hat dieses Ziel längst erreicht. Nicht zuletzt mit seinen vielgelesenen »biographies romancées«, deren Form er besonders liebt, weil sie ihm die Synthese aus dichterischer Phantasie und historischer Wahrheit erlaubt. Als Moralist und Aufklärer, der er aus voller Überzeugung ist, hat er immer wieder das Leben bedeutender Persönlichkeiten durchforscht und dargestellt, denn ihre Biographie, so sagte er, ermögliche es ihm, nicht nur von ihrer Größe, sondern auch von ihrer Menschlichkeit zu handeln und so ein anspornendes Beispiel dafür aufzurichten, wie Großes auch aus Kleinem entsteht. So ist es nur im ersten Augenblick überraschend, im Grunde aber folgerichtig, daß eines der letzten Bücher dieses klugen Beobachters nicht mehr einem Einzelmenschen, sondern seinem Land gewidmet war. Aus dem Verantwortungsbewußtsein des um die Erhaltung der Zivilisation besorgten Schriftstellers, sich gründlicher als andere zu informieren, um dann die gewonnenen Erkenntnisse weiterzugeben, hat er aufgezeigt, in welchem Maße Frankreich heute sein Gesicht ändert »La France change de visage«), und davon zeugten denn auch die letzten seiner »fragments«, ausklingend in die Hoffnung, daß die Menschen guten Willens das erreichen können, was sie wahrhaftig wollen. Und es war mehr als eine noble Geste zum Abschluß, wenn er als Exempel dafür die Annäherung zwischen seinem Volke und dem unseren erwähnte, die sich in den letzten Jahren vollzog.

Daß das Auditorium die Qualität des Gebotenen nach Namen und Rahmen zu würdigen wußte, muß nicht eigens bemerkt werden; wohl aber, daß die Vertreter der Staatsministerien es für richtig hielten, ihre (von anderen begehrten) Plätze unbesetzt zu lassen ...

Süddeutsche Zeitung 150 vom 24. Juni 1958, S. 9

Junge Dramatiker –
undramatisch vorgeführt

Mit ihrer Reihe *Das Gespräch* haben die Kammerspiele weniger Glück als mit ihren »Münchner Profilen«. Sollte das daher kommen, daß es hierorts mehr profilierte Leute als geeignete Gesprächspartner gibt? Kommt hinzu, daß der zweite Abend dieser Reihe nicht einmal ein Thema hatte, denn: »Deutsche Autoren« als Motto – das bezeichnete mehr die Mitwirkenden als das Problem. Auf dem Podium saßen drei junge Dramatiker (oder wie

Zuschauerraum der Kammerspiele, Foto: G. Gerstenberg

A. E. Sistig sich salopp ausdrückte: drei besondere Sachen), nämlich *Leopold Ahlsen, Herbert Asmodi* und *Wolfgang Hildesheimer.* Hätte man sie wenigstens dazu verleitet, ein paar Thesen aufzustellen – aber nein, man ließ jeden einfach acht Minuten lang aus eigenen Dialogen vorlesen. Was sagen drei, vier Textseiten schon über den Charakter eines Stückes? Begreiflich, daß diese Proben völlig eindruckslos vorübergingen und im anschließenden Gespräch unerwähnt blieben. Um was es dabei ging? Ob man mit oder ohne Plan schreiben solle – Ahlsen verlangt die Konstruktion, Hildesheimer baut auf einer Situation auf und läßt sich selbst überraschen. Was man mit einem Stück überhaupt will? Unterhalten, aber auf der Ebene des Denkens, also fesseln, aber um Gottes willen keine »Aussage«. Kopfschütteln im Publikum. Also keinerlei gemeinsames Ziel? Ahlsen: »Doch, die Tantiemen!« Asmodi betonte die prekäre Lage des Autors. Tragödien könne er nur schreiben bei geordneten Verhältnissen, also bleibe ihm heute nur die Komödie. Auf eine Gegenfrage gab er die bezeichnende Antwort: »Was hofft man schon, und was glaubt man wirklich?« So zeigten sich die drei allmählich profilierter: Asmodi – skeptisch glossierend; Ahlsen – temperamentvoll rustikal (und verstiegen, als er vom Regisseur verlangte, er müsse sich genausoviel Monate mit einem Stück befassen wie ein Autor); Hildesheimer – umsichtig, klug, kopfgesteuert. An das vermißte deutsche Zeitstück wollen sie alle nicht heran. Man müsse dabei Banales mit nicht banalen Worten sagen. »Aber machen Sie das mal!«, rief Ahlsen und warf damit genaugenommen einen Bumerang ins Publikum.

Ernst Ludwig fungierte als Diskussionsleiter. Es gab nicht viel zu leiten, weil es nicht genug zu sagen gab.

Süddeutsche Zeitung 175 vom 23. Juli 1958, S. 7

GEBURTSTAGSGRUSS AN DEN SCHWAGER IN SCHWABING
Ernst Hoferichter feiert heute den fünfundsechzigsten/ Eine Münchner Rarität

Er kennt Gott und die Welt. Und die Welt kennt ihn. Zum mindesten die weißblaue. Für wen er Sympathie empfindet, den ernennt er zum Schwager und zur Schwägerin. Und da er ein gütiger, ein humorvoller, ein geselliger Mensch ist, wurde die Zahl seiner Wahlverwandten mittlerweile beträchtlich. Sie alle gedenken heute ihres Schwabinger Schwagers Ernst Hoferichter, weil er die Schwelle ins pensionsfähige Alter überschreitet – das es für ihn gottlob nicht gibt, denn er ist immer ein freier Mann gewesen und »statt auf Dienstwegen auf Wiesenpfaden« gewandelt.

Es begann am Viktualienmarkt

In welche Kategorie von Menschen er gehört, ist schwer auszumachen. Man möchte ihn, der sich durch eine Krawatte bereits zum Bürger vergewaltigt fühlt, für einen beispielhaften Schwabinger halten. Und wenn man bedenkt, daß er anno 95 vom Viktualienmarkt ausgezogen und nicht weiter als bis ins nördliche Schwabing gekommen ist, dann könnte das wohl zutreffen. Und auch dies spräche dafür, daß er sich dereinst in mancherlei Berufen versucht hat – als Kabarettist, Bierkellerphotograph, Student, Schauspieler und Zirkuspressechef –, ehe er das für ihn einzig Richtige wurde, nämlich Schriftsteller.

Jedoch einer, der mit dem einen Auge in hintergründiger Verschmitztheit immer wieder zu schalkhaften Seitensprüngen bereit ist, während das andere sich durchdringend an die Alltagsrealität hält, ist so einfach nicht auf eine Formel zu bringen. Und wirklich gibt es da in seinem bewegten Leben noch das den Schwabinger Rahmen sprengende Jahrzehnt, das er aus freiem Entschluß fernwehgetrieben auf Weltreisen verbracht hat.

Er reise nicht um der Bildung willen. Er reise – und auch das ist bezeichnend –, um intensiver zu leben. Nur wer erlebt, der lebt, ist sein Motto. Er suchte das Leben dort, wo es wuchert. »Aus den Ritzen und Fugen eines Mahagonischreibtisches (wohlgemerkt: er hat nie an Schreibtischen eine Zeile geschrieben!) wächst es nicht hervor. Und so durchwanderte ich in Eisenbahnabteilen, Schiffskammern, Autos, Flugzeugkabinen, Ochsenwagen und Kanus die Himmelsgegenden.« Nach Hause aber brachte er weder Löwenfelle noch Tiefenlotungen, Handelsbeziehungen und Autogramme. »Jeden Abend kritzelte ich den erlebten Tag in mein Taschenheft zwischen gepreßte Orchideen, den Staub tropischer Straßen und zerdrückte Moskiten ...« Es wurden Berichte daraus, die in großen Blättern erschienen, und schließlich der farbensatte Band »Fünf Erdteile als Erlebnis«.

Josef Seidl-Seitz: Ernst Hoferichter, Holzschnitt

Und dann kam die Franzi

Indessen, ob er Satiren für den alten Simplizissimus schrieb, Münchner Feuilletons für die Lokalpresse oder die besagten Reisebilder aus aller Welt: er blieb sich und seinem unverwechselbaren Stil treu. Er schrieb aus der angeborenen Münchner Mentalität heraus, auch dem Fremden gegenüber immer wieder vertraute Maßstäbe und Metaphern anwendend. »Die Luft flimmerte wie ein Vorstadtkino«, stellt er in Südamerika fest. Oder: »Die Sterne der Tropennacht funkelten wie Edelsteine eines Schmierentheaters. Die Schatten wurden zu schwarzem Samt, wovon das laufende Meter eine Mark zwanzig kostet. Und der Mond hing als bronzierte Vereinsmedaille am Himmel.« Es geht ihm nicht um sentimentale Verklärung, es geht ihm eher um Desillusionierung, um Überraschungseffekte, die ihm sprachschöpferische Phantasie aus scheinbar kleinbürgerlichem Reservoir anbietet. Dadurch erreicht er eine immer wieder erstaunliche Anschaulichkeit und Sinnfälligkeit der Darstellung. »Achtundvierzig Grad Celsius im Schatten lagen wie wollene Kamelhaardecken auf der Kaffeestadt.« Läßt sich die drückende Schwüle der Tropen suggestiver mitteilen? Genauso bildhaft-einfallsreich schrieb er über »München, die Stadt der Lebensfreude«, wo er 1926 auf einem Bal paré mit der »Schwabinger Franzi« den ersten Tanz wagte (sie ist heute längst seine Frau und ihm an bajuwarischer Urwüchsigkeit wahrhaft ebenbürtig). Und so schildert er im »Bayerischen Jahrmarkt« allerlei Spießer rings um den vertrauten Viktualienmarkt, ihre spekulative Findigkeit wie ihren mitunter kleinlichen Geiz, unter dem er als Bub nicht selten zu leiden hatte.

Die Größe der kleinen Freuden

Noch einmal: Ist er ein Schwabinger? Nur insoweit, als dieses Wort nicht einen Typus meint, sondern das Originale. Er ist ein Künstler und ein Kunstfreund, ein Philosoph und ein Lebenskünstler (»Gesegnet sei die Größe der kleinen Freuden!«), und er ist vor allem ein Unikum in unserer großen Monacensia-Sammlung, das hinter der schützenden Fassade jovialer Bonmots beides gern verbirgt: reiches Wissen und ein empfindungstiefes Gemüt.

Süddeutsche Zeitung 16 vom 19. Januar 1960, S. 5

Max Halbes Nachlass
Ein Münchner Spiegel der Jahrhundertwende

Die Stadt München hat ihre Handschriftensammlung, die bereits den Nachlaß von Ludwig Thoma, von Josef Ruederer und anderen umfaßt, um die literarische Hinterlassenschaft Max Halbes bereichert, der vor fünfzehn Jahren, kurz nach seinem 79. Geburtstag, gestorben ist. Erworben wurde das Mobiliar von Halbes Arbeitszimmer mit der Bibliothek und Porträts des Dichters aus verschiedenen Lebensaltern (darunter eines von Albert Weisgerber), ferner Photographien und Erinnerungsstücke, vor allem aber die Manuskripte fast aller seiner Werke, die Tagebücher, zahlreiche Briefe von bedeutenden Zeitgenossen und des Dichters Briefe an seine Frau Luise. Der gesamte Nachlaß ist in einem besonderen Raum der Städtischen Handschriftensammlung untergebracht und für Interessenten zugänglich.

Der Nachlaß eines Schriftstellers ist wie ein zerbrochener Spiegel. Das vollkommene Bild der Zeit, aus der er stammt, ist in ihm nicht mehr sichtbar. Zu viele Splitter sind herausgebrochen; nun gibt es überall blinde Stellen, Stockflecken, Löcher. Man kann sich nur noch an einzelne Scherben halten. Sie aber, unter wechselndem Einfallswinkel betrachtet, spiegeln eine Fülle von Details wider – Einzelpersonen, Zeitkolorit, Lebensgewohnheiten, Gefühle –, so daß es sich lohnt, in sie hineinzublicken. So auch beim Nachlaß Max Halbes. Besonders ergiebig sind jene Dokumente, die sich auf das Jahrzehnt um die Jahrhundertwende beziehen, auf die Zeit etwa zwischen 1895 und 1905.

Max Halbe steht damals, zwischen seinem 30. und 40. Lebensjahr, auf der Höhe seines Ruhmes. Neben Sudermann und Hauptmann ist er der erfolgreichste deutsche Dramatiker der Zeit. Ihm gehört die Bewunderung der jungen wie der alten Generation. In geradezu ersterbender Ehrfurcht spricht der junge René Maria Rilke ihn nicht nur mit »Sehr verehrter Herr Doctor« an, sondern obendrein noch mit »Wertgeschätzter Meister«, und selbst Detlev von Liliencron, Edelmann, Rittmeister und gefeierter Lyriker, beginnt einen Brief an den einundzwanzig Jahre jüngeren Dichter der »Jugend« mit dem

Passus: »Wenn man einem so berühmten Mann zu schreiben hat, so kriegt man Zittern in die Beine. Weiß Gott, wie hab ich mich über Ihre Erfolge, Ihren Ruhm gefreut. Und nun haben Sie die Güte, mir unglückseligem Lyrifax und Lyrinculus Ihr prächtiges Buch vom Amerikafahrer zu widmen. Dank, Dank! Aber die Widmung: dem ›Meister‹ muß ich beschämt ablehnen ...«
In der Tat, nicht dem Lyriker, dem Dramatiker gehört die Zeit. Max Halbe steht bei den Neuerern, den Revolutionären, der Avantgarde. Ihm stehen die großen Bühnen des deutschen Sprachraums offen. Das Deutsche Theater in Hamburg sichert sich Halbe-Premieren dadurch, daß es dem Dichter außer dem zehnprozentigen Anteil an den Tageseinnahmen von Aufführungen seiner Stücke über mindestens acht Jahre hinweg jährlich zweitausend Mark überweist. Und nicht nur das: es verpflichtet sich durch eine Vertragsklausel, jedes neue Stück aus seiner Feder in einer Zeitspanne von höchstens (!) drei Monaten aufzuführen, andernfalls aber eine Konventionalstrafe von 5000 Mark zu zahlen. Das sind Vereinbarungen, die in unseren Tagen wenigstens für deutschschreibende Dramatiker unvorstellbar sind! Vom Neuen Theater in Berlin liegen einige Abrechnungen vor. Sie beziehen sich auf ein einziges Stück, nicht die »Jugend«, sondern den »Strom«. Für den Monat Dezember 1903 werden dem in München lebenden Dichter 1773 Mark überwiesen, für den Januar 1904 ist es sogar das Doppelte: 3515 Mark. Und das von nur einer Bühne! Und das vor dem Ersten Weltkrieg!

Halbe war kein Glückskind

Der westpreußische Gutsbesitzerssohn, der in Schwabing heimisch geworden ist, ohne je ein Bohemien zu sein, hat es zum Großgrundbesitzer auf dem Felde der Literatur gebracht, er ist sich früh seines Marktwertes bewußt. Bereits 1912 – um dies noch miteinzubeziehen – knüpft er Fäden zum – Film, von dem andere Autoren überhaupt noch nicht Notiz genommen haben, und verkauft die Rechte an seinem Roman »Die Tat des Dietrich Stobäus« für eine stattliche Summe an eine nordische Filmgesellschaft, die bald darauf die Verfilmung durchführt.

Freilich, solche Erfolge kamen nicht von ungefähr. »Wenn irgendeiner, so haben Sie sich die Sache sauer werden lassen«, schreibt Arno Holz einmal, der den Weg des Mitstreitenden genau verfolgt. Halbe war kein Glückskind, er war ein verbissener Arbeiter, insbesondere in jener Periode. Ob in den täglichen Tagebuchaufzeichnungen oder in den Briefen an seine Frau: immer kreisen seine Gedanken um sein Werk. Er ist geradezu werkbesessen. Wenn die Arbeit nicht weitergeht, ist er bitteren Depressionen ausgesetzt: »Meine Stimmung ist flau, öd, leer. Es fällt mir nichts ein« – so und ähnlich heißt es dann in den Tagebüchern. Immer wieder sucht er Kontakt zu Literaturkennern, forciert er Gespräche über seine Arbeit, erprobt er die Wirkung des soeben Geschriebenen, und immer wieder findet er anregende Aufgeschlossenheit. »Also nun ist das Stück fertig, das heißt im Rohen. Zu tun ist noch manches daran, besonders im II. Akt, wo ich einige Retouchierungen vornehmen will, auf die mich neulich Hegeler gebracht hat«, heißt es in einem Brief aus Berlin an Frau Luise. Und weiter: »Heute abend kommt Welisch wieder zum Essen. Da lese ich ihm dann den II. Akt vor. Ich bin neugierig, wie er sich im ganzen machen wird, ob viel Spannung drin ist. Ich selbst habe augenblicklich gar keinen Eindruck. Man hat alles so dutzendmal durchgelesen und überarbeitet, daß eigentlich kein Bild mehr da ist. Morgen gehe ich dann sofort an die Durcharbeitung des Ganzen ... Am Montag lese ich das Ganze bei Bondi vor.«

Ähnliches, nur noch lakonischer abgefaßt, steht in den täglichen Aufzeichnungen. »Nichts mit der ›Insel‹ (= »Insel der Seligen«) fällt an, verschärft sich noch. Es scheint, ich muß aufhören«, heißt es am 9. Februar 1905. Und tags darauf: »Beim mittagl. Spaziergang (in den Englischen Garten) geht mir plötzlich neuer Plan der ›Insel‹ auf. Nur drei Akte. Zweiter Akt ganz anders anzulegen.« In diese Erwägungen schiebt sich der plötzliche Tod Otto Erich Hartlebens in Brescia. Halbe ist erschüttert, ringt sich durch, zur Einäscherung über den Brenner zu fahren, bleibt einige Tage in Brescia, kommt nach München zurück, sieht abends Wedekind, der die Hauptrolle in »Hidalla« verkörpert (»Starke Wirkung durch den heiligen Ernst, mit dem er sich selbst spielt«), veranstaltet am Faschingssamstag in der eigenen Wohnung einen Faschingsball (»Wir hatten gestern 45 Personen zu diesem Ball. Die letzten gingen früh um 8. Es war einer der hübschesten Abende, die wir je gehabt haben. Anwesend u. a. Hirths, Stollbergs, Basil, Waldau, Keyserling, Dannegger, Weisgerber, Blei, Dr. Lehmann, Holm, Dauthendey, Salomon usw.«) und nimmt am Aschermittwoch nach dem Stoßseufzer: »Gott sei Dank, der Fasching ist zu Ende!« den alten Gedankengang wieder auf: »Ich habe die letzten Wochen viel über die ›Insel‹ nachgedacht, bin wieder auf den alten Plan mit vier Akten zurückgekommen.«

Trotz diesem unablässigen Ringen, dieser zermürbenden Schaffensbesessenheit ist ihm nie das Glück ungeteilter Anerkennung zuteil geworden. Nicht einmal bei seinem berühmtesten Stück, der »Jugend«. Junge Menschen zwar schreiben ihm mitunter voll schwärmerischer Begeisterung, wie der junge Rilke aus Prag, der am Schluß der Aufführung »von heftigem Schluchzen erschüttert« sich nicht vom Platz rühren kann. Und warum? »Das war ja ein Stück meines eigenen Seelenlebens, der heimliche qualvolle Kampf, den ich selbst einmal in meinem Innern durchgerungen!... Meister, im Triumph eines namenlosen Schmerzes ist Ihr großes Werk in meine Seele eingezogen!« In solchem Überschwang geht es über vier Seiten, und dennoch meint der junge Pathetiker, er könne »nur mit diesen verhältnismäßig schwachen Worten« seine Gefühle und seinen Dank aussprechen.

Beispielsweise in Hamburg aber kommt es zur Ablehnung, die Presse spricht von einem »ländlichen Liebesdrama mit den kärgsten und trivialsten Zügen«, und Liliencron fühlt sich veranlaßt, sich von seiner Stadt zu distanzieren: »Mit Ihrer ›Jugend‹, diesem wunderbaren Drama, hat sich Hamburg blamiert. Es ist mir unbegreiflich, und auch wieder nicht, wenn ich bedenke, wie gerade bei uns das Muckertum und die blödeste Orthodoxie herrscht. Ein gräulicher Heuchel- und Schmeichlerton hat hier die Oberhand. Nur England und Amerika sind darin Hamburg ›über‹.«

Zensiert und verboten

Aber nicht nur die Kritik, auch die Zensur macht Max Halbe nahezu sein Leben lang zu schaffen – in jungen Jahren und auch im Alter noch. Otto Brahm, der Theatergewaltige am Berliner Deutschen Theater, kann eine Neueinstudierung der »Jugend« nicht termingerecht herausbringen, denn »die Zensurschereien, die durchaus nicht so scherzhaft sind, wie Sie meinen, haben mich gezwungen, die Aufführung hinauszuschieben. Unter anderem war der ganze Schluß des zweiten Akts gestrichen worden und verschiedene bedeutsame Stellen, die nicht entbehrt werden können. Wie sich die früheren Aufführungen damit abgefunden haben, läßt sich nicht klarstellen.«

Genauso ist es in Wien, wo Ernst Gettke, Direktor des Raimund-Theaters, Anno 99 die »Jugend« freibekommen will und seine Hoffnung auf den Grafen B. setzt, den Präsidenten des Raimund-Theater-Vereins: »Graf B. ist in Hofkreisen Persona gratissima, da sein Vater der Erzieher des Kaisers war und der Graf mit S. Majestät in gleichem Alter ist. Graf B. ist nun überzeugt, daß man seinen Anfragen bei

der Zensur willigst Gehör schenkt, und glaubt, für die Freigabe der ›Jugend‹ wirken zu können, zumal jetzt auch die früher in Wien verbotene ›Offizielle Frau‹ freigegeben wurde.« Trotz dieser feingesponnenen Fäden zum Hofe muß Gettke zehn Tage später dem Dichter mitteilen: »In der Sache ist nun leider nichts mehr zu tun.«
Die Zeiten ändern sich, doch die Schwierigkeiten bleiben bestehen. Um zwei Beispiele aus späterer Zeit hier einzuschalten: Ende 1915 wird die »Jugend« in Westfalen verboten und Michael Georg Conrad, der Vorkämpfer des Naturalismus, macht dem Dichter folgenden sarkastischen Vorschlag: »Da wirst Du halt doch noch einen Epilog dichten müssen: Hänschen als strammer Wehrkraftjunge – Ännchen gerettet durch eine gelungene Kugelextraktion: der Kaplan, als früherer Militärchirurg, vollzieht die wunderbare Operation« usw.

Und als 1936 der Roman »Generalkonsul Stenzel und sein gefährliches Ich« neu herauskommen soll, da schreibt der Verlag: »Die Dienststelle in Berlin vertritt die Anschauung, daß die Musikkammer sich mit der Version nicht einverstanden erklären kann, wonach eine deutsche Schauspielerin als die Geliebte eines ausländischen Potentaten zur Darstellung gelangt. Es wird Wert darauf gelegt, diese Rolle einer Österreicherin oder Französin zu überlassen.« In polterndem Manneszorn weist Halbe den »Herrn Zensor« darauf hin, daß der ausländische Potentat seines Romans »von deutscher Herkunft« sei, und fährt fort: »Wie sollte man das wohl ändern können? Ein ganz wesentlicher Teil der Handlung beruht darauf. Soll ich vielleicht Onkel und Nichte daraus machen oder die Schauspielerin zum Mitglied der Heilsarmee ernennen? Der Herr Zensor ist wohl zu jung, um zu wissen, daß ein sehr bekannter deutscher Fürst, nämlich der Herzog Georg von Meiningen, der berühmte Schöpfer der ›Meininger‹, lange Zeit in nahen Beziehungen zu einer Schauspielerin stand, die er dann als Freifrau von Heldburg zu seiner Gemahlin machte. Dasselbe geschieht am Ende meines Romans ja auch. Der kindlichen Vorstellungskraft des Herrn Zensors ist das offenbar ein ganz unbegreiflicher Vorgang.«

Man spürt, wie es dem Schreiber wohlgetan hat, derart einmal auf die Tischplatte zu hauen, aber da damals mit Dienststellen nicht zu spaßen war, kann man in einem vier Wochen später verfaßten Briefe lesen: »Aus der Änderung auf S. 29 geht hervor, daß die Schauspielerin aus Wien stammt, also eine Österreicherin ist, wie man es vorschlug …«

Immer wieder in jenem Jahrzehnt um die Jahrhundertwende wenden sich junge Autoren an Halbe mit der Bitte um Förderung. Am bescheidensten ist der junge Rilke: er möchte nur die Erlaubnis, in sein »letztes Drama« eindrucken zu dürfen, daß es Max Halbe gewidmet sei: »Es bedarf nicht der erneuten Versicherung«, so schreibt er, »welche innige Freude es mir bereiten würde, durch dieses Werkes Zueignung Ihnen einen bleibenden Beweis meiner aufrichtigen Bewunderung zu geben.« Andere bitten um Empfehlung an die Literaturpäpste von damals. An Cäsar Flaischlen schickt Halbe die Gedichte eines Unbekannten und erhält sie vom Dichter des »Hab Sonne im Herzen« mit den Zeilen zurück: »Anbei die Gedichte von Wilhelm von Scholz. Wir teilen hier Deine Ansicht und glauben, daß in diesen Proben ziemlich entwicklungsfähige Keime und Anfänge enthalten sind, nur müßten sie sich zu noch schärferen und sichereren Formen herausgestalten« – ein Urteil, das sich später bestätigt hat.

Ganghofer redigiert Thomas Mann

Josef Ruederers »Fahnenweihe« schickt Halbe an Otto Brahm in Berlin. Brahm findet darin »gleich Ihnen naturfrische Gestaltungskraft und sicher zugreifende Bühnentechnik«, lehnt das Stück aber dennoch für Berlin ab: »Der tiefere Inhalt, sowie vor allem die Bedeutung des Haberfeldtreibens, die in der Heimat des Vorgangs einer starken selbstverständlichen Sympathie beggenen, sind zu spezifisch bairisch und den norddeutschen Gebräuchen zu fremd.«

Aus der gleichen Zeit stammt ein anderer Brief, darin es heißt: »Ich bin in allen geschäftlichen Dingen so saudumm, daß ich fürchte, eine Dummheit zu begehen, und wäre Ihnen daher sehr dankbar, wenn Sie mir einen Rat geben wollten.« Dieser reine Tor in literarischen Dingen ist der damals abseits der »großen Welt« in Lochham sitzende und dichtende Christian Morgenstern.

Schlechthin den Reiz einer literarischen Delikatesse hat folgender Vorgang: Halbe bittet einen Hoftheaterintendanten, das dramatische Werk eines jüngeren Autoren in einem Leseabend herauszustellen. Der fragliche Intendant, gerade in Amsterdam, antwortet bestürzt über den Umfang des Werkes:

»Ehe ich einen Blick hineinwerfe: Ungestrichen ist es ganz unmöglich für eine menschliche Lunge und Kehle, dies dicke Buch an einem Abend zu bewältigen. G. –, der ganz eminent zu streichen und überzuleiten versteht ... vielleicht sieht er es daraufhin einmal an! Er macht so etwas geradezu bewundernswert! Also! – Dixi et salvavi! ...«

Das »dicke Buch«, das Halbe empfohlen hat, ist Thomas Manns »Fiorenza«, der Hoftheaterintendant ist der stimmgewaltige und deklamierfreudige Ernst von Possart, und der Herr, der »ganz eminent zu streichen« versteht, ist Ludwig Ganghofer. Welch eine Konstellation: Halbe, Thomas Mann, Possart und Ganghofer ziehen – beinahe am gleichen Strang! ... Apropos Ganghofer: er hat zu jener Zeit auf seinem Briefbogen das Schloß St. Hubertus abgebildet, und das Wasserzeichen in seinem Briefpapier zeigt ein Hirschgeweih, das sich über das ganze Blatt erstreckt.

Von Bühnenerfolgen abgesehen, die sich wie eh und je bezahlt machen, sind die Einnahmequellen insbesondere der jungen Autoren um die Jahrhundertwende nicht beträchtlich. Die Zeitschriften haben kleine Auflagen und zahlen wenig. Arno Holz sitzt im S. Fischer-Verlag, redigiert die von Otto Brahm herausgegebene »Freie Bühne für modernes Leben« und sucht Mitarbeiter. Für die Artikel, die höchstens drei bis vier Druckseiten umfassen sollen, werden pro Seite zehn Mark bezahlt, jedoch »ist der Herr Verleger des Blattes gewillt, falls ausnahmsweise doch einmal von uns ein etwas längerer Artikel acceptiert werden würde, auch für diesen über den Maximalsatz von 40 Mark nicht hinauszugehen«. Otto Julius Bierbaum, dessen »Prinz Kuckuck« heute noch Leser hat, macht den PAN in Berlin, der 900 Abonnenten hat, und sucht ebenfalls Mitarbeiter. »Aufsätze messen wir mit der Elle«, setzt er beschämt hinzu. »Es ist zwar roh, aber es ist so.« Am Schluß des Briefes heißt es: »Leb wohl und dichte weiter. Ich tue desgleichen.«

Vier Jahre später ist Bierbaum bei der »Insel«, und wieder meint er: »Darin solltest Du nun nicht fehlen«, denn die Zeitschrift entwickle sich gut als das, was sie sein oder wenigstens werden will: als die *aesthetischste* Revue für die etwa 500 besseren Menschen in Deutschland.

Hermann Bahr, der wandlungsfähigste unter den großen Publizisten seiner Zeit, redigiert damals in Wien »Die Zeit«, es gelingt ihm, von Halbe den Erstdruck seiner Novelle »Frau Meseck« zu bekommen, er ist höchst befriedigt darüber, muß einige Monate später aber nach München schreiben: »Diesmal ist meine Beredsamkeit umsonst gewesen: mein Administrator, der bei so außerordentlichen Ausgaben die Entscheidung hat, will mir, da wir in dieser Saison ohnedies schon etwas allzu generös gewirtschaftet haben, absolut die verlangte Summe nicht bewilligen, und so muß ich, aufrichtig bedauernd, leider verzichten ...«

Noch begrenzter ist die Lebensbasis von Johannes Schlaf, obwohl auch er kein Unbekannter mehr ist: er hat durch die Stücke »Papa Hamlet« und »Familie Selicke«, die er gemeinsam mit Arno Holz verfaßte, den Auftakt zu der neuen literarischen Bewegung gegeben. Vorerst aber sitzt er noch in Magdeburg und rezensiert widerwillig neue Bücher: »Der lyrische, dramatische und novellistische Hammelmord, den ich augenblicklich hier betreibe, will sich demnächst erst rentieren. – Ich knabbere wie eine Kirchenmaus einsam zwar, doch nicht stillvergnügt an diesem rosa, lila, veilchenblauen, chamoisgelben, gänseschwarzsauerrotbraunen Zeug herum. Ein Kaninchen oder Meerschweinchen resp. eine Berliner gebärtüchtige Proletariersfrau ist nichts! nichts! nichts!!! gegen die deutsche Literatur! Und noch dazu so eine verwünschte Mondskalbzucht!« Warum aber dieser bombastische Seufzer über die Gegenwartsliteratur? »Meinen ›Pump‹ wollte ich Ihnen am 1. hujus zugehen lassen, ich war aber noch nicht im Stande.«

Andere Autoren bestreiten ihren Lebensunterhalt mit Vorlesungen, die zu jener Zeit immer mehr gefragt werden. Liliencron ist nach München eingeladen, um dort in den »Vier Jahreszeiten« zu lesen: »Gut! 400 Mark. Alles in allem. Nur bitt ich um Privatquartier. Weil ich als unglückseliger Lyriker einzig und allein durch diese Reisen als Commis voyageur en lyrique mich und meine Familie durchs harte Leben bringe.« Arno Holz hat seine neue Komödie »Sozialaristokraten« abgeschlossen und möchte sie gern in München vortragen. »Da ich es aber, wie gesagt, nur aus Gründen rein materieller Natur beabsichtige, würde ich dieses nur dann tun, falls mir außer den Reisekosten noch ein Honorar von 100 Mark garantiert werden könnte.«

Rilke allein kann es sich leisten, einer Aufforderung zu einer Vorlesung nicht nachzukommen – offenbar weil er nicht in Geldverlegenheit ist. Als Grund für seine Absage gibt er an: »Es geht an den Gardasee für 10 bis 14 Tage – dem Frühling entgegen.« Ein halbes Jahr später, als ihn wieder die Reiselust packt und er unvermittelt nach Berlin fährt, entschuldigt er sich bei dem »sehr lieben Herrn Doctor« sogar mit einer unfreiwilligen Stilblüte: »Ehe ich ahnte, mußte ich von München fort, und weil es nicht für lange ist, geht es wohl an, daß ich Ihnen die Abschiedshand von hier aus hinreiche ...« – was ungefähr die gleiche Armlänge voraussetzt, die Schiller benötigte, um Millionen zu umschlingen.

Das gesellige Leben der Dichter in jenem Jahrzehnt spielt sich vorwiegend in Bierkneipen und auf der Kegelbahn ab. Zu Beginn der neunziger Jahre bestand in München die von Michael Georg Conrad gegründete »Gesellschaft für modernes Leben«. Wenige Jahre später gründete Josef Ruederer gegen diese Gesellschaft und ihre Träger eine neue Vereinigung, die sich schon mit ihrem Namen »Nebenregierung« als Konkurrenzunternehmen auswies. Max Halbe, als er von Berlin nach München übersiedelt, empfindet »die Umtriebe Ruederers als ein Unrecht gegen Conrads Gesellschaft« und ruft nun seinerseits, um die führenden Geister von neuem zu sammeln, die »Unterströmung« ins Leben. In diesem nichtorganisierten Klub huldigen Männer wie Hans Richard Weinhöppel, Edgar Steiger, Artur Kutscher, Albert Weisgerber, Roda Roda, Korfiz Holm, Frank Wedekind und Walter Ziersch dem »wackeren Mannessport«, wie Halbe das Kegelschieben gern nennt.

Zwischen Biertisch und Kegelbahn

Es überrascht, in diesem Zusammenhang auch den Namen Eduard von Keyserlings zu finden. Aber der kurländische Graf, in dessen impressionistisch zarten Büchern es still, behutsam und traurig zugeht, hat längst die Gemütlichkeit »dieses heiteren Landes« entdeckt, »in dem jeder nur daran denkt, beim Bier zu sitzen und nachts an die Mädchenfenster zu gehen«. Nun, bei letzterem hätte er sich schwer getan, der stets kränkliche Graf, aber mit ersterem hält er es genauso wie alle anderen. Selbst wenn er einen Abend bei den Elf Scharfrichtern verbringt, hat er zu berichten: »Wedekind und ich gehen dann meist an einen stilleren Ort mit viel Bier.« Kaum, daß er diesen Satz niedergeschrieben hat, sieht er Wedekinds volles Gesicht über dem Maßkrug vor sich, und er fährt fort: »Wedekind braucht eine Entfettungskur, d. h. – er hat Mittagessen usw. abgeschafft. Ich weiß nicht, ob Hildegard die Kur erfunden hat. Wedekind sieht dabei jedenfalls runder und blühender aus denn je.«

Dafür, daß es auf der Kegelbahn zu hochgeistigen Gesprächen gekommen sei, liegen keinerlei Dokumente vor. Sicher ist nur, daß man es mit dem Kegelschieben tierisch ernst nimmt und mit dem Bier nicht minder. Als Keyserling im April 1902 einmal etwas später kommt, muß er feststellen: »Die Gesellschaft war schon etwas bierschwer. Wedekind weich und mit sich zerfallen, nannte mich einen frivolen Menschen ... Kurz, ich erregte Mißfallen. Auf dem Heimweg war Frank sehr elegisch. Seine Gegnerschaft mit Haary scheint ihren Höhepunkt erreicht zu haben, ja, im Hof der Scharfrichter hat zwischen beiden ein kleines Handgemenge stattgefunden.« Derart bewährt sich der Graf geradezu als »Kriegsberichterstatter« auf der Kegelbahn und setzt den »Boß«, als der Halbe fast fünfzig Jahre lang fungiert hat, über alle Vorfälle realistisch ins Bild. Und wenn er selbst einmal verhindert ist, schreibt er brav ein Entschuldigungsbrieflein wie dieses: »Eines elementaren Durchfalls wegen kann ich heute nicht ausgehn und bei der Kegelbahn erscheinen. Sehr schade für die Partei, der ich zufallen würde, denn das letzte Mal schob ich eine Naturneun.«

An Textproben wie diesen, die auch ihrerseits nicht viel von geistigem Höhenflug verraten, wird offenbar, daß ihren Schreibern der Naturalismus noch in den Knochen steckt, auch wenn sie ihn als künstlerisches Prinzip um diese Zeit längst hinter sich gelassen haben. Sie lieben es, sich unverblümt auszudrücken und alles sehr direkt beim Namen zu nennen. Als Arno Holz den Münchner Dichter-Kollegen zu einem neuen »Sieg« auf dem Theater beglückwünscht, da tut er es mit Formulierungen aus einem hausfraulichen Wortschatz: »Möge er (nämlich der Sieg) Ihnen nicht bloß Lorbeerblätter bringen, sondern namentlich auch den betreffenden Braten, der, was man auch dagegen sagen mag, doch immer die schönste Folie zu diesem Kraut bilden wird!« – »Wo Du steckst, weiß ich nicht«, schreibt Emil Strauß einmal, der wie Artur Kutscher zu den Überlebenden zählt. »Ob Du Dich bei Muttern aus körperlicher Dekadence herausfrißt oder bei H. aus der Herausgefressenheit wieder heraussäufst.«

»Die Kunst blüht, die Kunst ist an der Herrschaft, die Kunst streckt ihr rosenumwundenes Szepter über die Stadt hin und lächelt ... München leuchtete« – so hat Thomas Mann in seiner Novelle »Gladius Dei« über das München der Jahrhundertwende geschrieben. Die Memoirenbände von Annette Kolb, von K. A. von Müller, Karl Heimpel, Hermann Sinsheimer u. a. schlagen den gleichen Ton an, und Hans Brandenburg gar wählte die These »München leuchtete« zum Buchtitel. Die Dokumente dieses Nachlasses indessen sprechen eine andere Sprache. Es ist nicht allzuviel Glanz in ihnen und wenig Leuchten. Haben wir wirklich in einen zerbrochenen Spiegel geblickt, dessen erblindende Splitter nur noch vereinzelte Lichtreflexe zurückstrahlen lassen? Oder haben erst die Erinnerungen der alten Generation an ihre eigene Jugend das München der Jahrhundertwende verklärt, so daß ihm nachträglich noch viel von jener Leuchtkraft zugewachsen ist, um deren Anblick wir die Augenzeugen so gern beneiden?

Süddeutsche Zeitung 44 vom 20./21. Februar 1960, S. III

Der Obertukan

Den Tukan gibt es in den Tropen als pfefferfressenden Vogel mit markantem Schnabel. Den Obertukan gibt es nur in München – als Leiter von Münchens literarischer Gesellschaft »Der Tukankreis«. Er vertritt keine Gattung, er ist ein Einzelexemplar, also ein Unikum. Besucher des Tukaneums kennen ihn als einen allzeit liebenswürdigen Mann unschätzbaren Alters mit grauen Nackenlocken, der am Schluß einer Dichterlesung zaghaft das Glöckchen schwingt, sich ebenso zaghaft erhebt – ganz so, als müsse er wider Willen einen Sprung ins kalte Wasser tun –, der sich trocken räuspert, verlegen die Hände reibt und dann keineswegs volltönend, sondern sozusagen ›con sordino‹ den Dank an die Vortragenden in ein humoriges Aperçus zusammendrängt, in das bei aller Kürze ein paar nervöse Ritardandos eingeschaltet sind. Er blinzelt dabei »sulzthalisch verschmitzt« durch die dicken Augengläser, setzt sich aufatmend wieder an seinen Platz und belohnt sich schleunigst selbst mit einem hastigen Schluck aus dem Schoppenglas vor ihm, das an solchen Abenden mehrere Auflagen erlebt.

Es sind in diesem Frühjahr genau dreißig Jahre, daß Rudolf Schmitt-Sulzthal derart sein selbstgewähltes Amt versieht, das ihm manche ihm wesensfremde Geschäftigkeit abverlangt. Denn er, ein sensibler, nicht zufällig im Zeichen der Jungfrau geborener Lyriker, der seine bildhaften Verse in den beiden (längst vergriffenen) Bändchen »Wege am Abend« und »Unterm Maibaum« gesammelt hat, ist keineswegs der Typ eines Managers, den man an solcher Stelle vermuten könnte, sondern weit mehr der eines permanenten Liebhabers der Dichtung und der Poeten – wie er dies noch auf anderen Gebieten ist. Beispielsweise auf dem des Gesangs. Es leben noch Ohrenzeugen (freilich nicht allzu viele!), die ihn Schubertlieder haben singen hören. Heute allerdings scheint sein Bariton eingefroren wie die Töne in Münchhausens Trompete, und nur manchmal in geselligem Kreise (wo er sich nur allzu gern finden läßt) stößt er wie weiland Roland ins Horn und schmettert ein paar vibrierende Takte, so daß die Umsitzenden verblüfft aufhorchen. Liebhaber ist er desgleichen am Schachbrett, hier indessen einer von Format, denn es ist verbürgt, daß er bei

Turnieren gegen ein Dutzend Spieler gleichzeitig angetreten sei und auch blindgespielte Partien souverän gewonnen habe.

Sozusagen als Liebhaber auch rief er anno 1930 in Neuhausen fast ohne Geld seinen »Tukan-Verlag« ins Leben. Man bedenke: einen Verlag für junge Autoren, von denen er überwiegend Lyrisches und Dramatisches druckte, Arbeiten also, die damals noch schwerer an den Mann zu bringen waren als heute. Da muß einer in der Tat mehr als nur Fachmann, er muß leidenschaftlich verliebt sein, um den geschäftlichen Erfolg derart aus dem Auge zu lassen. Fast zur gleichen Zeit begann er mit den Vorleseabenden, weil sich Dichter durch das gesprochene Wort doch weniger kostspielig herausstellen ließen als durch das gedruckte. Den Tukanvogel aber wählte er nicht des überwältigend großen Schnabels wegen zum Firmenzeichen, sondern weil sein vokalgesättigter Name einen vollen runden Klang ergibt, der dem musikalischen Ohr des Verlegers wohltat. Überdies ließ sich der putzige Vogel reizvoll in jenes vortrefflich komponierte Signet hineinstellen, das seinerzeit auf den Titelseiten der Bücher stand und heute, beträchtlich vergrößert, zu Häupten der vorlesenden Autoren hängt.

R.P. Bauer: Rudolf Schmitt-Sulzthal, Federzeichnung

Der Tukan hat seitdem manchenorts genistet: in Schwabing bei Papa Steinicke und in der Reitschule, im Königshof und im Stefanie, bei Freilinger und (derzeit) im Regina, der Stil der Abende aber blieb sich ein Menschenalter lang gleich: einer, meistens zwei Autoren am Vortragspult, ringsum die Tukanier (die keinerlei Satzung oder Beitrag zusammenhält) bei Wein oder Kaffee, und wer es für richtig hält, vorgetragene Lyrik mit einem Gulasch zu würzen, dem ist (leider) auch dies nicht verwehrt. Der Kreis ist in den dreißig Jahren, von denen er etliche verboten war und am Stammtisch sein Dasein fristen mußte, beträchtlich gewachsen, sein literarisches Ansehen noch mehr, und mittlerweile sind mehrere hundert Schriftsteller bei ihm zu Gast gewesen: echte Dichter, Literaten, Feuilletonisten, Humoristen, Amateure und Epigonen aller Schattierungen, Satiriker und Parodisten, Exilierte, innerlich Emigrierte und Entnazifizierte – denn hier wird keine Richtung gepflegt, keine Clique gefördert, sondern die deutsche Gegenwartsliteratur in allen ihren Gangarten. Der verspielte Obertukan hat eine ganze Hierarchie von Ehren-, Haupt-, Alt- und Stammtukanen um sich versammelt, und in ihrer Mitte konnte er am Festabend zum dreißigjährigen Bestehen des Kreises ausnahmsweise nicht am gewohnten Ort, sondern im Cuvilliéstheater als Ehrengast am Vortragspult den Schriftstellerkollegen Theodor Heuss begrüßen, der auf seine warmherzig-behäbige Art die Münchner Kapitel aus seinen Erinnerungen »Vorspiel des Lebens« vorlas.

Welt und Wort 1960, S. 144 *f.*

Die elf Scharfrichter und ihre Muse

Ein Abend in Schwabing vor gerade sechzig Jahren ist in den Erinnerungsbüchern verschiedener Persönlichkeiten ausführlich behandelt. Alle sind sich einig, daß er denkwürdig ist als die Geburtsstunde des literarisch-zeitsatirischen Kabaretts, zum mindesten des ernstzunehmenden – denn Ernst von Wolzogens »Überbrettl«, das wenige Monate zuvor in Berlin zu spielen begonnen hatte, ging andere Wege.

»Am 13. April 1901«, so ist in Reinhard Pipers »Vormittag« zu lesen, »ging der Vorhang zum ersten Mal in die Höhe. In feuerroten Kostümen, die Kapuze über den Kopf gezogen und geheimnisvoll aus dunklen Augenlöchern blickend, traten in langer Reihe die Elf Scharfrichter aus den Kulissen. Dumpf dröhnte der Scharfrichtermarsch, sie sangen:

Erbauet ragt der schwarze Block,
Wir richten scharf und herzlich.
Blutrotes Herz, blutroter Rock!
All unsre Lust ist schmerzlich ...«

Schauplatz war der Hinterhof des Hirschenwirts in der Türkenstraße. Vorher hatte es dort einen studentischen Fechtboden gegeben, einen Pferdestall und auch – bezeichnenderweise – eine Sargmacherei. Die jungen Menschen, die mehr Talent als Geld mitbrachten, mußten sich vor dem Start selbst das Lokal herrichten: »Max Langheinrich besorgte als Architekt Theaterraum, Ausstattung und Beleuchtung«, so erzählt Artur Kutscher in »Der Theaterprofessor«, »Otto Falckenberg lieferte dramatische Beiträge und führte abwechselnd mit Leo Greiner Regie. Der Komponist H. R. Weinhöppel war die musikalische Seele der Scharfrichter, während Robert Kothe hauptsächlich als Sänger älterer deutscher Lieder und Pierrot-Poesien hervortrat. Ernst Neumann entwarf die Titelblätter der Programme, Wilhelm Hüsgen (er ist der letzte Überlebende der Elf!) hatte den originellen Saalschmuck der Scharfrichtermasken geformt.«

Insgesamt also waren elf phantasie- und humorbegabte Dichter, Maler, Bildhauer, Musiker, Architekten am Werke, an denen

Reinhard Piper aus der Sicht des seriösen alten Herrn rügt, daß sie »gerne etwas über die Stränge schlugen«. Er selbst freilich war damals nicht »Scharfrichter«, sondern nur »Henkersknecht«: »Als solcher führte ich in den satirischen und burlesken Marionettenspielen allerlei Puppen.«
Trotz dieser Menge vielseitiger Begabungen wäre das Männer-Team höchstwahrscheinlich nicht derart berühmt geworden, wenn es nicht – wie Georg Fuchs in »Sturm und Drang in München« treffend bemerkt – »in *Maria Delvard* seinen alle Tragik und alle Bizarrie schwabingisch-wedekindischen Problem-Weibtums in erschütternden Grotesken ausschöpfenden Star« gehabt hätte. Otto Falckenberg berichtet, daß diese Frau an jenem Abend nicht nur den Vogel abgeschossen, sondern die Elf geradezu gerettet habe, und Reinhard Piper bezeichnet sie als die eigentliche Muse der Abende: »Lang und dünn, in eng anliegendem Kleid, sang sie mit breitklaffendem, feuerrotem Mund Chansons«. In dieser Aufmachung ist sie durch Thomas Theodor Heines erregendes Plakat, das ihre hohe schwarze Gestalt auf rotem Hintergrund zeigt, auch denen zum Begriff geworden, die sie nie gesehen und gehört haben.
Daß sie noch lebt, wissen wir erst seit Münchens 800-Jahrfeier. Damals machten einige Künstler ihre Anschrift in Frankreich ausfindig, man lud sie nach München ein, sie sang bei Artur Kutschers 80. Geburtstag im Kunstverein noch einmal Wedekinds einst schockierendes Lied: »Ich war ein Kind von fünfzehn Jahren ...« und ist seitdem in München geblieben. In diesen Tagen hält sie sich sogar wieder in Schwabing auf – als Genesende in einem Krankenhaus. Dort trafen wir sie – mit ihren 87 Jahren die charmanteste und vitalste alte Dame, die sich denken läßt. Noch genau erinnert sie sich an Einzelheiten des 13. April 1901. Eigentlich hatte sie gar nicht auftreten wollen. In einem hochgeschlossenen dunklen Pensionatskleid stand sie hinter der Kulisse und hörte zu, blaß und ungeschminkt. Am Schluß drängte man sie zum Auftritt. Die Musik begann mit dem Vorspiel, sie hatte gerade noch Zeit, sich mit dem Rotstift schnell und unbedächtig über die Lippen zu fahren. Sie sang folkloristische Lieder aus »Des Knaben Wunderhorn«. Das Licht war zu spärlich, sie gab dem Beleuchter ein Zeichen, er mischte noch grün hinein. Das Publikum verhielt sich abwartend. Dann, nach der »Ilse« von Frank Wedekind, der selber erst drei Monate später zu den Scharfrichtern stieß, hatte sie gewonnen. Die kaum erkennbare schwarze Gestalt mit dem blassen Gesicht und dem übertrieben gezeichneten Mund, aber auch die dunkle warme Stimme faszi-

nierten – ein neuer Typus auf der Kleinkunstbühne war kreiert! Nach München gekommen war die junge Elsässerin, um Musik zu studieren. Sie wurde Schülerin von Thuille, Reinberger und Sophie Schröder am damaligen Konservatorium, und das gegen den Willen der Eltern, die sie zuvor in einem französischen Kloster streng hatten erziehen lassen, denn es gab sogar einen Kardinal in ihrer Familie. In München lernte sie Marc Henry kennen, den Reinhard Piper als »kleinen, schwarzen Franzosen« im Gedächtnis behielt. Er war Herausgeber der »Revue Franco-Allemande«, er wollte damit einer Annäherung der beiden Völker dienen. Diese Idee begeisterte auch die junge Delvard aus dem Elsaß. So unterstützte sie Henrys Plan, nach dem Vorbild des Pariser »Chat noir« auch in München Kabarett zu machen.

Der Beginn war ein voller Erfolg. Aber der Raum faßte nur hundert Zuschauer; Eintritt erhob man nicht, um nicht als »richtiges« Theater zensurpflichtig zu werden. Man begnügte sich mit erhöhter Garderobegebühr. So war das wirtschaftliche Risiko von vornherein vorhanden, und obwohl man es an Scherz, Satire, Ironie und tieferer Bedeutung nicht fehlen ließ, war die Uhr der Elf Scharfrichter nach gut drei Jahren abgelaufen. Die meisten von ihnen machten ihren Weg in anderen Berufen. Die Delvard jedoch blieb dem Kabarett treu. Sie, die stets nur als Einzelgängerin, nie im Ensemble aufgetreten war, machte sich selbständig. Ihre enge »schwarze Haut« behielt sie bei, sie ging auf Tournee nach Berlin (»Wintergarten«), nach Wien (»Nachtlicht« und »Fledermaus«), sie veranstaltete vielerorts eigene »Moderne Kammerkunstabende«, hatte in beiden Weltkriegen, weil sie stets zwischen den Völkern stand, allerhand Schwierigkeiten und folgte vor drei Jahren nur zu gern der Einladung nach München, an dem sie hängt, weil sie dieser Stadt jenen Abend vor sechzig Jahren verdankt, der sie als eine der profiliertesten Figuren in die Geschichte des Kabaretts eingehen ließ.

Welt und Wort 1961, S. 140

VIERUNDSECHZIG SCHWARZE KLADDEN
Ausgrabungen aus dem von der Münchner Stadtbibliothek
erworbenen Nachlaß Frank Wedekinds

Ein literarischer Nachlaß wie der des im Frühjahr 1918 gestorbenen Frank Wedekind, dessen Erwerb die Stadt München zur Gründung eines Wedekind-Archivs innerhalb der Handschriftensammlung der Stadtbibliothek veranlaßt hat, kann unter verschiedenen Aspekten durchforscht und nutzbar gemacht werden. Die vorhandenen Manuskripte gewähren vor allem dem Literaturhistoriker Einblick in Wedekinds Arbeitsweise wie auch in den *Status nascendi* einzelner Werke, so etwa die 235 Blätter zu dem Drama »Oaha«, aus dem später »Till Eulenspiegel« wurde, oder auch die Entwürfe zu »Hidalla«, das später den Titel »Carl Hettmann, der Zwergriese« erhielt. Tagebücher und Briefe führen an den Menschen Wedekind heran. »Eine kleine Erbschaft erlaubte es mir, mich der freien literarischen Arbeit hinzugeben. Damit habe ich mir einen in den literarischen Kreisen Deutschlands geschätzten Namen gemacht«, bekennt der Dreißigjährige 1894 in einem Briefentwurf. Aus den gleichen frühen neunziger Jahren stammen Aufzeichnungen aus London und vor allem aus Paris, wo er zwar verbissen weiterarbeitet, aber auch Zeit genug dafür aufbringt, Eros und Sexus von ihrer primitiv vitalen Seite her zu erfassen. Daß er über jedes seiner kleinen Abenteuer mit Mädchen detailliert Buch führt, offenbart jenen pedantischen Zug, der dem Dichter auch auf anderen Gebieten eigentümlich war. Jahrelang hielt er an einem gewählten Kladdentyp fest, so daß sich nun 64 fast gleiche schwarze Leinenbände unter dem Nachlaß befinden, die in schneller zügiger Bleistiftschrift vollgeschrieben sind.

Eines dieser Tagebücher, das die Jahre 1888 bis 1892 behandelt und viele private Äußerungen über Eltern, Geschwister und andere ihm nahestehende Menschen enthält, wurde ihm im Oktober 1898 entwendet – von wem, blieb bis heute ungeklärt. Ein Jahrzehnt später tauchen die Aufzeichnungen unter merkwürdigen Umständen wieder auf – davon berichtet ein Briefentwurf: »Im November 1909 wurden die erwähnten Hefte von Frau Franziska Gräfin zu Reventlow und einem Herrn von Hoerschelmann in München widerrechtlicherweise an einen Antiquar in München verkauft, der sie an Herrn Ernst Rowohlt, gegenwärtig Verleger in Leipzig, weiterverkaufte.« Gegen die geplante Veröffentlichung geht Wedekind mit einer Prozeßandrohung an, worauf Rowohlt folgenden Vermittlungsvorschlag macht: Er sei bereit, »die mir (Wedekind) gehörigen Manuskripte zurückzugeben, wenn ich ihm die Erlaubnis ertheile, von den beiden Tagebuchheften eine Abschrift zu nehmen und deren Inhalt zehn Jahre nach meinem Tode zu veröffentlichen, ohne daß meine Angehörigen oder sonst jemand der in den Heften erwähnten Personen ein Recht haben sollte, gegen diese Veröffentlichung Einspruch zu erheben. Eine solche Veröffentlichung ... würde nun meinem Empfinden nach von meinen sämmtlichen Geschwistern usw. als ein Bubenstreich aller gemeinsten Charakters beurtheilt werden müssen« und »den unversöhnlichen Haß gerade derjenigen Menschen auf mich ziehen, die mir in dieser Welt am nächsten stehen und die ich am meisten liebe.« Selbstverständlich unterblieb die Publikation, aber das Manuskript selbst ist bis heute nicht wieder zum Vorschein gekommen.

Wie diesen Kladden, so blieb er auch einem kleinformatigen Taschenkalendertyp treu. Die Eintragungen, die sich über Jahrzehnte erstrecken, erlauben es, seinen äußeren Lebensweg genau zu rekonstruieren. Freilich begnügte er sich bei diesen täglichen Eintragungen mit Stichwörtern. »Wiege 76 Kilo«, kann man 1912 nachlesen. Oder: »Speise mit Cassirer und Durieux im Hotel Marienbad«.

Aus der gleichen Zeit stammt eine Zuschrift an das *Berliner Tageblatt*, in der er seine Einstellung zum Film fixiert, der damals ja erst »im Kommen« ist: »Sämtliche Dramatiker Deutschlands sammeln sich zu einem Kampf gegen den Kinematographen. Ich halte das erstens für unfruchtbar und zweitens für falsch. Wie hat es die Malerei mit der Photographie gemacht? Sie hat sich stolz und zielbewußt immer weiter von ihr entfernt, so daß schon seit Jahren jedes Porträt dem Maler immer viel ähnlicher sieht als dem Gemalten. Machen wir's mit der Dramatik ebenso!«

Die Autographensammlung innerhalb Wedekinds Nachlaß läßt der Handschrift bedeutender Zeitgenossen begegnen, aber die Texte selbst sind oft nur Gelegenheitsäußerungen.

Die Schauspielerin Adele Sandrock macht sich – damals noch nichts ahnend von den einträglichen Altersrollen, die der Film für sie später bereit hat! – Sorgen um ihre Zukunft und bittet Wedekind in temperamentvollen Sätzen, für sie einen Sketch zu schreiben: »Ein Sketch von Dir, dazu mein Name und meine Kunst, und wir verdienen Beide viel, viel Geld ...« Der junge Stefan Zweig schreibt

»in inniger Verehrung« von einem Theatereindruck: »Die Simsonpremiere wird gewiß der beste Wiener Abend der Saison«, während drei Studenten von einer Leipziger Aufführung so begeistert sind, daß sie spontan dem Dichter schreiben: » ... Und ich, als der Älteste dieser Drei, die einsam und mißachtet die Leipziger Literatur darstellen, möchte Ihnen noch in tiefer Nacht durch diese Zeilen unsere Verehrung ausdrücken.« Der Unterzeichnete ist Kurt Pinthus, der später mit seiner expressionistischen Lyrikanthologie »Menschheitsdämmerung« nicht nur der Leipziger, sondern der deutschen Literatur einen großen Dienst erwies. Ein besonders aufschlußreicher Passus findet sich in einem Briefe Walther Rathenaus, mit dem Wedekind befreundet war. Vermutlich hat er sich an Rathenau mit der Bitte gewandt, er möge mächtige Financiers zur Unterstützung eines (ungenannt bleibenden) kulturellen Projekts mobilisieren. In seiner Antwort zeigt Rathenau sich skeptisch und gibt dabei folgende Charakteristik der »anonymen Machthaber« in Deutschland: »Die wirklichen ›300‹ haben die Gewohnheit und Vorsicht, ihre Macht abzuleugnen. Wenn Sie sie anrufen, so werden sie Ihnen sagen: wir wissen von nichts; wir sind Kaufleute wie alle anderen. Dagegen werden nicht 300, sondern 3000 Commerzienräthe sich melden, die Strümpfe oder Kunstbutter wirken, und sagen: wir sind es. Die Macht liegt in der Anonymität: ich kenne unter den Bekannteren – nicht unter den Bedeutendsten – Einen, den überhaupt niemand zu sehen bekommt, außer seinem Barbier. Ich kenne Einen, der fast arm ist und die gewaltigsten Unternehmen beherrscht. Ich kenne Einen, der vielleicht der Reichste ist und dessen Vermögen seinen Kindern gehört, die er haßt. Mehrere sind unzurechnungsfähig. Einer arbeitet für das Vermögen der Jesuiten, ein Anderer ist Agent der Curie. Einer, als Beauftragter einer ausländischen Vereinigung, ist mit einem Besitz von 280 Millionen Consols der größte Gläubiger des preußischen Staats. Alles ist vertraulich. Aber Sie sehen: diesen Menschen ist auf gewöhnlichen Wegen nicht leicht beizukommen. Und den ungewöhnlichen Weg des persönlichen Appells lehnen sie ab ...«

Von dem Schauspieler Frank Wedekind gibt es keine Filmaufnahmen und keine Tonbänder. Er lebt allein fort in den Dokumenten aus seiner Zeit. Das Archiv enthält nicht wenige davon. Beispielsweise Wedekinds Regiebücher, die seine überaus gewissenhafte Arbeitsweise bekunden. Oder Heftchen, auf deren Seiten er in groben Strichen seine eigene Gesichtsform aufgezeichnet und dazu detailliert angegeben hat, welche Farben er auf der Stirn, den Wangen, der

Augenpartie, den Schläfen usw. zu verwenden pflegte – ein regelrechter »Schminkplan« also. Oder auch Taschenbücher, in denen er über die für eine bestimmte Rolle benötigten Requisiten Buch geführt hat, etwa für den »Kammersänger«. Nüchtern und exakt wie in einem Polizeibericht notiert er beispielsweise, was der Kammersänger in seinem Koffer zu haben hat: »Matinee, Graues Sacko, Graue Hose, Phantasieweste, Helle Schuhe, Kragen, Rote Krawatte, Kleiderhölzer, Brieftasche, Partitur, Uhrkette, Taschentuch, Hosenhalter«. Dazu Angaben über die Dinge, die sich am Kleiderständer und in der Brieftasche zu befinden hatten. Wie Wedekind sich selbst als Schauspieler eingeschätzt hat, geht aus einem Briefentwurf hervor, der für Joseph Kainz bestimmt war: »Ich fühle mich ganz als Schriftsteller, auch auf der Bühne, und mich nötigten nur die Hindernisse, auf die meine Arbeit fünfzehn Jahre hindurch stieß, selber aufzutreten. Ich werde nie so anmaßend sein, auf einem anderen Gebiete als dem meiner eigenen Produktion mit den geborenen Künstlern wetteifern zu wollen.«

In den Jahren etwa von 1910 bis zum Beginn des Ersten Weltkriegs stand Wedekind als Dramatiker wie als Schauspieler auf der Höhe seines Ruhms. Den bald Fünfzigjährigen ehrte die Reichshauptstadt sogar dadurch, daß sie ihn zu einem längeren Gastspiel mit mehreren seiner Stücke einlud. Hugo Ball charakterisiert ihn: »Holzschnitt ist alles: grob und eckig und ohne Übergang. Es knarrt, wenn er schreitet. Er krächzt, wenn er spricht. Seine Nase ist steil und kühn. Wenn er auf der Straße der Elektrischen begegnet, zwingt er sie auszuweichen. Mißtrauisch, gereizt, verlegen. Oder taktlos, brutal, sarkastisch. Naiv wie ein Pony und tobsüchtig wie ein Narr.«

Acht Wochen nach diesem Berliner Gastspiel und eine Woche vor dem Ausbruch des Ersten Weltkriegs, am 24. Juli 1914, vollendete Wedekind sein fünfzigstes Lebensjahr, und die deutsche Presse gab sich gewissenhaft Rechenschaft über das Wirken des »Führers und Vorläufers der dramatischen Neumoderne«. »Seine Gestalten«, so hieß es in einem dieser Aufsätze, »sind Repräsentanten einer Tendenz. Sind nur Belege, die das kreischende Pathos eines Demagogen fand, als er sich auf dem Markte von der Menge nicht genug gehört oder nicht recht verstanden meinte.« Ausgerechnet diese Sätze schrieb der damals 24jährige Hanns Johst, der nicht nur manches von Wedekinds dramaturgischer Technik übernommen hat, sondern wenige Jahre später selbst dem »kreischenden Pathos eines Demagogen« verfiel.

Als künstlerische Erscheinung bis zuletzt derart zwiespältig wirkend, ist Wedekind wirtschaftlich in jenen Jahren längst über alle Schwierigkeiten hinaus. Noch mit dreißig Jahren hatte er devot wegen 200 Franken einen Bettelbrief mit der Zusicherung schreiben müssen, dann könne er seine Schulden bezahlen »und meinen Weg als anständiger Mensch fortsetzen«. Als ihm seine Verehrer zum fünfzigsten Geburtstag eine Ehrengabe (6433 Mark) überreichen, kann er es sich leisten, den Betrag in sechs gleichen Teilen an andere Dichter zu verteilen: an den damals kranken Lyriker Georg Busse-Palma, an Hanns von Gumppenberg, Arno Holz, Peter Altenberg, Franz Evers und Paul Scheerbart – nicht ohne den noblen Zusatz, er wolle damit auf das reiche Lebenswerk der anderen von ihm Bedachten hinweisen.

Welchen Marktwert sein literarisches Werk damals innehatte, das geht insbesondere aus einer Mappe mit Verlagsverträgen und Verlagskorrespondenz hervor, die sich ebenfalls im Nachlaß befindet. Er bezog von Cassirer von jedem verkauften Exemplar seiner Bücher 20 Prozent, von einigen (»Die Zensur« und »Oaha«) sogar ein Viertel des Ladenpreises. Als Georg Müller in München die Urheberrechte an Wedekinds Werk von Cassirer erwerben will, nennt dieser Anno 1910 eine Pauschale in Höhe von 35 000 Mark. »Nur persönliche Differenzen hinderten mich, alle diese Chancen (die er dem Interessenten verheißungsvoll ausmalt!) selbst auszunutzen. Von dem Ihnen genannten Preise bedaure ich nicht abgehen zu können.« Vier Monate später übernimmt Georg Müller die Verlagsrechte zu einem Preise von 30 000 Mark.

Süddeutsche Zeitung 33 vom 7. Februar 1963, S. 12

Einbruch in die Festung »Publicity«
Wege zur literarischen Öffentlichkeit

Die bitteren Erfahrungen, die der junge Wedekind in seinem Kampf um Anerkennung machen mußte, hat er einer seiner frühen dramatischen Figuren in den Mund gelegt: dem gleich ihm für die Bühne schreibenden Professor Dühring in seinem »Kammersänger«. »Unsere Nationaltheater«, so sagt und klagt der vergebens um sein Werk Ringende, »das sind Festungswerke, kann ich Ihnen sagen, gegen welche die Bepanzerungen von Metz und Rastatt Botanisierbüchsen sind. Lieber graben sie zehn Leichen aus, als daß sie einen Lebenden einlassen.« Wedekind hat bald danach den Durchbruch zur Öffentlichkeit gefunden, aber sein Dühring, dieser nur seinem (vermeintlichen?) künstlerischen Auftrag dienende Idealist, lebt noch heute, immer noch vor den Toren der bestürmten Festung, die sich *publicity* nennt. Bloß würde er seine Anklage nicht mehr auf die Staatstheater beschränken, er würde auch Hörfunk und Fernsehen, Filmproduktion, Verlage und Presse miteinbeziehen. Denn dieser zeitlose Typ hat zu jeder Zeit das Pech, »nicht in Betracht zu kommen«, wie der erfolgsverwöhnte Kammersänger es ausdrückt, und er beobachtet mit kopfschüttelnder Verwunderung, wie anderen scheinbar mühelos der Einbruch in die Festung gelingt.

... Nicht selten greifen junge Literaten, da sie andere Wege für verbaut halten, zur Selbsthilfe und schaffen sich erst ein geeignetes Podium. Als ein solches ist vor gut dreißig Jahren von jungen Münchner Schriftstellern *Der Tukankreis* ins Leben gerufen worden, später *Die Barke, Der Kommaklub*. Auch die *Gruppe 47* war am Anfang nichts anderes als Selbsthilfe, längst aber sind ihre Tagungen zu einer ausschlaggebenden Plattform geworden, auf der niemand übersehen wird, der sie betritt. Die Aichinger und die Bachmann, 1952 und 1953 bereits von den 47ern prämiiert, Böll (1951), Adriaan Morrien (1954) und Grass (1958) haben dieser Förderung zu verdanken, daß ihre Leistungen von der Öffentlichkeit unverzüglich beachtet wurden. Auch Kurt Kluge wurde vom »Boß« H. W. Richter wirkungsvoll herausgestellt, noch bevor er der Kritik aufgefallen war. Die Starthilfe, die diese Gruppe zu gewähren vermag, ist ohne Vergleich.

Oder die »Draußenstehenden« versuchen es mit der Gründung eigener Publikationsorgane. Auf der Münchner Leopoldstraße wurden im letzten Herbst mehrere mit junger Lyrik angeboten – *Texturen* heißt eines davon, *Nesyo* ein anderes. Der *Kommaklub* begann seine kleine *Komma-Reihe* mit Arbeiten von Wolfdietrich Schnurre und Gert Ledig, ohne dadurch besonders auffallen zu können. Ähnlich den *Blättern für die Dichtung*, die einst der junge Heinrich Ellermann in Hamburg herausgebracht hat, gibt es heute billige Druckerzeugnisse wie *Der Bogen*, den Heinz Pototschnig in Wien für »Dokumente neuer Dichtung« verlegt, oder wie *Der Vier-Groschen-Bogen*, darin der »Kreis der Freunde« in Dülmen Lyrik von Autoren vorwiegend des Ruhrgebietes veröffentlicht. Daß es bei solchen Unternehmen mehr oder weniger »juryfrei« zugeht und manches Dilettantische floriert, darf ebensowenig übersehen werden wie daß darin respektable Opfer an Mühe und Geld stecken. Die Dülmener haben im ersten Jahr auf 74 000 »Bogen«, von denen zwei Drittel ausgeliefert werden konnten, 65 deutschschreibende Dichter (und solche, die sich dafür halten!) zu Wort kommen lassen – freilich »mehr Quantität als Qualität«, wie sie selber zugeben, aber ihr Ziel wurde erreicht: sie sahen sich gedruckt!

Allen jungen Schriftstellern, erst recht solchen, die auf derartigen Umwegen zur Literatur kommen, ist bewußt, daß sie vor ein doppeltes Problem gestellt sind, nämlich: bekannt zu werden und – leben zu können. Die Illusion, daß das Handwerk des Schreibens wie jedes andere seinen Mann ernährt, wird oft bald durch die bittere Erfahrung ersetzt, daß es keine irgendwie berechenbare Relation zwischen Fleiß und Einkommen gibt. Nicht einmal die: wer schlecht schreibt, lebt auch schlecht ...

Wenn man aber erst einmal »drinnen« ist, dann wird man – auch dies geht aus einigen unserer Beispiele hervor – von den Festungskommandanten zu immer beachtlicheren (und immer einträglicheren!) Diensten herangezogen, man wird mit allerlei Orden (lies: Preisen) dekoriert; einst schmerzlich ersehnte literarische Aufträge erscheinen einem plötzlich als solche minderen Ranges, die man bereitwillig dem »Fußvolk« überläßt (Buchbesprechungen beispielsweise oder Schulfunkaufträge). Dafür sieht man sich vor eine neue schwierige Aufgabe gestellt: sich in jener Hierarchie einen Platz zu sichern, von der die »draußen« erst recht keine Ahnung haben – in der Hierarchie derer, die »in Betracht kommen«.

Welt und Wort 1964, S. 1 ff. [gekürzt]

Das Leben zieht im Friedhof ein

Zwischen den Altschwabinger Häuserblöcken wurde einst ein Geviert ausgespart. Es blieb denen vorbehalten, die ringsum ihr Heim für immer verlassen mußten. Sie zogen stumm und willig in das baumbestandene Grundstück zwischen Adalbert- und Ziebland-, zwischen Teng- und Arcisstraße, das eine Mauer mit schmiedeeisernen Gittertoren umzieht. Es waren viele Hofräthe darunter, die ihren Titel noch mit »th« schrieben, hohe Offiziere, Reichsgrafen, Freiherren und tapfere Ritter von ... Für sie alle war es die letzte Wohnstätte. So hatten sie das Glück, auch im Tode noch Schwabinger zu bleiben. Aber auch solches Glück ist befristet, und wenn sie auch nicht wieder fortziehen mußten – das große Vergessen kommt allmählich auch über sie.

Indessen, es ist nicht der Tod, der in ihre stille Zone beharrlich weiter vordringt, es ist das Leben selbst, das dem Gräberbereich Fußbreite um Fußbreite abgewinnt. Freilich gibt es hier auch heute noch Ruhestätten, auf denen frischgepflanzte Blumen wachsen, Gedenksteine, die noch senkrecht im Boden stehen, lebensgroße, in Stein gehauene Frauengestalten, die mit dem Pathos von Feuerbachs Medea und viel Faltenwurf über steinernen Urnen klagen, und die Inschrift mancher Grabplatte leuchtet noch golden. Aber es ist längst nicht mehr überall so. Zahllose Buchstaben hat jahrzehntelanger Regen aus dem Marmor gewaschen, und sie sind unleserlich geworden, viele Grabsteine neigen sich zur Seite, und mancher Winkel, wo Moos über zerstreut im Grase liegende Säulenfragmente wuchert, sieht aus wie ein kleines Forum Romanum. Es ist der allgewaltige »grüne Gott«, der sich auch hier stärker erweist als alle Vergänglichkeit, er überspielt sie mit Efeu und Gräsern. Aber er hat noch andere Verbündete, die hierorts dem Lebendigen wieder sein Recht geben.

Beispielsweise die Bürofräulein. Sie kommen in der Mittagspause mit einer Tüte voller Früchte, halten auf den Bänken ihr linientreues Mahl und blinzeln für den Rest der Freizeit in die bräunende Sonne. Oder die jungen Mütter. Sie rollen ihren Kinderwagen in den Schatten und zücken emsig ihr Strickzeug. Oder die alten Männer. Sie brocken trockenes Brot und füttern das Volk der Spatzen, das selbst gierigen Amseln nicht ausweicht. Oder die Liebespaare, die auf den diagonalen Pfaden von Steinplatte zu Steinplatte hüpfen. Sie alle kommen nicht der Toten wegen – wer auch erinnert sich noch eines königlichen Geheimkämmerers, der vor beinahe hundert Jahren hier einzog? –, sie kommen den Bäumen zuliebe, den Sträuchern, den Bänken, den ein wenig verwunschenen Wegen und den munteren Vögeln. Die Jahreszahlen auf den Steinen sagen es nur zu deutlich, daß es hier keine frischen Wunden mehr gibt.

Für die Kinder hat die einsichtige Stadtgärtnerei dem alten Friedhof an seiner Westseite Spielplätze abgetrotzt. Es gibt Bänke ringsum und zwei beträchtliche Sandkästen. Hier lassen sich unter vergnügtem Kreischen Sandkuchen backen, Tunnels bauen, und man kann sogar, falls man Mut genug hat, die Rutschbahn erklimmen und sich in die sanfte Tiefe gleiten lassen. Und wenn man ein Gießkännchen dabei hat, nun, dann kann man sogar »echt« Friedhof spielen und Gräber begießen. »Tod, wo ist dein Stachel?«, fragt ein Grabstein, aber die Kinder behelligt die Frage nicht. Es ist ein milder, ein versöhnlicher, ein stachelloser Tod, mit dem sie es hier zu tun haben.

Wenn die Dämmerung sich unter die Baumkronen nistet, fährt ein alter Mann auf seinem Fahrrad die Wege entlang, Abend für Abend, und an seiner Lenkstange pendelt eine Glocke mit dem hellen Ton, den man von Karussells und Schiffsschaukeln kennt. Nun ist es höchste Zeit, die Sandformen und die abgelegten Molljäckchen zusammenzupacken und heimzugehen, denn der Mann fährt von Tor zu Tor und dreht den Schlüssel um, und dann sind die alten Schwabinger für eine ganze Nacht wieder unter sich, die Hofräthe, die Kämmerer, die Rittmeister und die »Ehemalige Hoftheaterballett-Direktrice« Lucile Grahn-Young, deren Namen nicht nur die Grabplatte, sondern auch eine Straße hinter dem Prinzregententheater dem Gedächtnis der Nachgeborenen empfiehlt.

Süddeutsche Zeitung 196 vom 17. August 1965, S. 13

Josef Ponten – kleiner Mann mit grossen Plänen
Porträt eines vergessenen Schwabingers

Vorübergehend, aber durchaus ernsthaft hat sich Josef Ponten mit Ahnenforschung befaßt. Er tat es vorwiegend deshalb, weil sein Name dabei die Spitze einer beträchtlichen Pyramide einnahm. Mit der Zeit vermochte er rund dreißig Generationen namentlich nachzuweisen. Zu guter Letzt war er fest davon überzeugt, von Karl dem Großen abzustammen. Daß er dann aber auch mit Pippin dem Kurzen verwandt war, ließ er wohlweislich unerwähnt. Denn seine Kleinwüchsigkeit war der Kummer seines Lebens, aus dem sich manches bei ihm erklärt.

Die Furcht, übersehen zu werden, nagte an ihm. Sie verleitete ihn, immer wieder Auffälliges zu tun. So kleidete er sich gern in ausgefallen helle Farben, er trug breitrandige Hüte, die ihm ein pilzhaftes Aussehen gaben, er fuhr einen unförmig wuchtigen alten Wagen und zeigte überhaupt einen unübersehbaren Zug zum Großen: als Reisender, als Werkplaner, sogar als Ehemann, denn seine Frau Julia überragte ihn um Haupteslänge, aber auch in dem Ton, in dem er über sich selber sprach.

Ponten war von sich geradezu besessen. Kaum einer hat so viele Selbstporträts geschrieben wie er. Alle Wege seiner Gespräche führten zu ihm. Als er einmal zu einer Festschrift für Artur Kutscher einen Beitrag schreiben sollte, schrieb er nicht über Kutscher, sondern über Ponten, dieses Tun mit einem naiv-selbstbewußten Satz rechtfertigend. Als er einmal im Isartal ein Haus entdeckte, »just geeignet zu meinen Zwecken«, wie er erzählte, da ging er kurzerhand hinein, ließ sich bei der Hausfrau melden und sagte in seinem rheinischen Tonfall:»Wenn Sie mich noch nicht kennen, lernen Sie mich nun kennen! Ich bin nämlich der Dichter Josef Ponten und möchte hier wohnen!« Die Dame, höchst erstaunt:»Aber ich vermiete doch gar nicht – wie kommen Sie dazu?« Ponten aber war bereits auf den Balkon vorgedrungen, genoß die tiefe Stille, den Blick auf den Garten, warf in den beiden Fremdenzimmern seinen Mantel aufs Bett, ebenso Julias Staffelei und erklärte:»Sie haben Glück – wir sind ja keine Bohemiens, wir richten uns nach der Haussitte –, aber ich muß unbedingt Stimmung für den Abschluß eines größeren Werkes finden, so daß Sie sich um die Literatur ein unsterbliches Verdienst erwerben können.«

Das war nicht scherzhaft gemeint, sondern todernst. Ponten – nebenbei bemerkt: Er bekam die Zimmer! – Ponten fühlte sich als die deutsche Literatur in Person und war sich seines besonderen Ranges deutlich bewußt. Mit Thomas Mann, den er schlechtweg zum Nur-Schriftsteller erklärte, trug er in den Süddeutschen Monatsheften einen heftigen Disput über das Dichterische aus, das er für seine Person in Anspruch nahm. Stets hatte er Prospekte von seinen Büchern mit aufgedrucktem Bildnis in der Tasche, mit denen er äußerst freigebig umging – nicht nur bei Hörern, sondern auch bei Wirten und Kellnerinnen. Wer ihn in der Martiusstraße besuchte, dem drückte er beim Weggehen wenigstens die Schulausgabe einer Pontenschen Erzählung in die Hand – mit persönlicher Widmung und dem Zusatz, das Autogramm werde einmal sehr wertvoll sein.

Seine Eitelkeit, sein Geltungsbewußtsein, seine Großsprecherei haben es ihm nicht leicht gemacht. Viele fühlten sich davon abgestoßen. Sie lachten über ihn, mokierten sich. Was ist das: Es fängt mit Po an, ist rundlich, gibt bedeutende Töne von sich und braucht viel Papier? – So lautete ein auf ihn bezogenes Rätsel.

In Wahrheit war dieser kleine ehrgeizige Mann nicht ohne Größe. Er verfügte über eine immense Bildung, ein vielseitiges Wissen. Er hat sich außerordentliche Leistungen abverlangt. Er dachte viel nach über die Formgesetze der Dichtung. Er machte sich als Kunsthistoriker einen Namen wie als Geograph, dessen Landschaftsbeschreibungen zugleich von sprachkünstlerischem Reiz sind. Nichts freute ihn mehr, als wenn er nach einem fachlichen Vortrag in einer geographischen Gesellschaft gefragt wurde, ob er mit dem Dichter gleichen Namens verwandt sei, und dann antworten konnte: »Der bin ich auch!«

Der Erzähler Josef Ponten hat früh schon die Novelle als die ihm gemäße Form erkannt. Als Novellist gab er in zwölf Arbeiten, die noch zu seinen Lebzeiten in einem Sammelband erschienen, sein Bestes. Vier oder fünf von ihnen sind Novellen im klassischen Sinn: *Der Meister, Die Bockreiter, Die Uhr von Gold.* Damals huldigte er noch dem Motto, das er seinem Novellenband *Der Knabe Vielnam* von 1921 vorangestellt hat:

Schreibt kurze Bücher, haben nicht viel Zeit.
Im engsten Kreise müßt ihr tanzen können.
Schreibt Bücher wie das Leben ist – so kurz.

Er konnte tatsächlich im engsten Kreise tanzen, aber leider ist er diesem einsichtsvollen Vorsatz nicht treu geblieben. 1925, auf einer Reise im östlichen Rußland, auf der Wolga im einsamen Lebensraum von Ausgewanderten, so bekannte er, »gab es den Blitz der Erkenntnis und den Regen der Befruchtung: Volk auf dem Wege, Roman der deutschen Unruhe.« Ponten wollte nicht das ganze Auswanderertum der Deutschen dichterisch bewältigen – das hielt er selbst für unmöglich und auch für undichterisch. Nein, das Abwandern, Fortziehen, Raumverändern, Heimatlassen, die Aushäusigkeit im allgemeinen nannte er sein Thema. »Unruhe des Volkes! Unruhe als Herzensnot, aber auch als Geistestrieb, zuletzt dann auch als Ursache für unglücklichen Geschichtsverlauf und also die politische Auswirkung solcher Unruhe.«

Die letzten anderthalb Jahrzehnte seines Lebens – er starb am 3. April 1940 – stand Ponten im Bann dieser ihn überfordernden Aufgabe. Er brachte viele Voraussetzungen zu ihrer Bewältigung mit. Er war ein anschaulicher Erzähler, ein unermüdlicher Arbeiter, ein phantasievoller Fabulierer. Und er hatte exakt die Quellen studiert. Nun studierte er auch die Räume. Auf den Spuren der Auswanderer verbrachte er ein Jahr in Nordamerika, ein halbes in Nordafrika, wiederum ein halbes in den Balkanländern und eines in Südamerika, von wo er eines Tages Grüße aus dem Lande der Tukane schickte. Erdkunde, die er früh und stets gern betrieben hatte, nannte er das Mittel, »Felder und Wälder, Länder und Breiten, Wolken und Himmel kräftiger zu ergreifen und tiefer, als es nur mit dem Gefühl möglich war«, und Geschichte war ihm »das Werkzeug, das Werden der Staaten und das Sein der großen Verbände der Menschen zu verstehen«. Er reiste viele Monate im Auto, das er selbst steuerte, und »viele Nächte im Zelte liegend, schlaflos vor Glück über all die Schönheit der Erde«.

So fügte er, um den immer Weltluft war, Band zu Band. Als die beiden ersten Teile bereits vorlagen, schien es ihm richtig, neu zu beginnen, er zog die erschienenen Bücher zurück und schrieb sie völlig um. Gefragt, warum er den Stoff denn nicht kontinuierlich darbiete, sondern den Handlungsablauf mit lauter kaum noch übersehbaren Rückblenden verwirre, war er um eine Antwort nicht verlegen. »Homer hat es auch schon so gemacht wie wir«, rechtfertigte er sich im Plural majestatis und fügte selbstbewußt hinzu: »Wir waren so unbescheiden, in die größte Schule zu gehen«.

Trotzdem: Der Roman *Volk auf dem Wege*, obschon zu sechs stattlichen Bänden gediehen, ist Fragment geblieben – äußerlich und auch innerlich. »Architektur, die nicht gebaut wurde« hieß das wichtigste Werk des Kunsthistorikers Josef Ponten. Architektur, die nicht gebaut wurde, ist auch sein episches Hauptwerk geblieben. Man kann darin großartige Kapitel finden, farbig dargestellte Episoden und historische Genrebilder, die weiten epischen Atem erkennen lassen. Beim Ganzen aber wird einem nicht wohl. Erst recht nicht, wenn man heute auf diese Bände zurückgreift. Das hängt mit Gesichtspunkten zusammen, die sich aus Pontens Herkunft erklären.

Er stammte aus einem Dorfe bei Aachen, er war also Grenzländer und wuchs auf im Bewußtsein der Spannungen zwischen den Nachbarvölkern. Das Dorf seiner Kindheit kam zu Belgien – er sprach später nur noch von Raeren in »Zwangsbelgien«. Er machte die Zeit der Besetzung des Rheinlands mit und mußte 1920 in Aachen sein Haus für Besatzungstruppen räumen. (Dies übrigens wurde der Grund, daß er nach München übersiedelte.) So dachte er schon damals daran, »aus dem Erlebnis eigener bitterer, vom politischen Nachbarn erlittener Not heraus« einen volkhaften Stoff zu gestalten, dessen Kern die ewige westliche Grenznot sein sollte. Als er dann den Wandermotiven der Wolgadeutschen nachging, entdeckte er, daß ihre Ahnen, die aus der Rheinpfalz stammten, ihre Heimat durch die Raubzüge des Sonnenkönigs verloren hatten: damals als Speyer und andere deutsche Städte willkürlich zerstört wurden. Überall also fand er schuldhaftes Vorgehen des westlichen Nachbarn. So geriet der Erzähler, als er seinen Roman von den Vorgängen in der Pfalz seinen Ausgang nehmen ließ, begreiflicherweise in eine anklägerische, chauvinistische Haltung, und es finden sich allerlei Ressentiments in seinem Epos, denen gegenüber wir gerade heute allergisch sind. Trotzdem: nichts wäre falscher, dem Autor hier Übereinstimmung mit NS-Gedanken vorzuwerfen. Er hat nicht zu den engagierten Dichtern des Dritten Reiches gehört. Ich zitiere: »Von den Ideologien, namentlich des faschistischen Nationalismus, wollen wir nichts wissen« – das steht klar und deutlich in einem seiner Bücher. Und so sehr er, der gebürtige Rheinländer, für die Unantastbarkeit des deutschen Stromes plädiert hat, er wußte doch genau (ich zitiere abermals): »Der Rhein ist ein Sinnbild für die Sendung der Deutschen (die der der Juden ähnlich sein mag): den Nationalismus zuerst zu überwinden. Der Rhein ist ein Sinnbild für ein neues Europa, ein Übereuropa.« Solche Sätze verraten mehr politischen Instinkt, als ihn viele von Pontens Zeitgenossen bewiesen haben.

Wenn also nicht aus politischen Gründen: Warum ist Ponten so über Gebühr in Vergessenheit geraten? Was sein Hauptwerk angeht:

Porträt Josef Ponten, Federzeichnung 1929

Wen kann es heute locken, sechs stattliche Bände zu lesen in dem Bewußtsein, daß die Story nicht zu Ende geführt werden konnte? Vor allem aber: die Umsiedlungen, Ausweisungen, Vertreibungen und Flüchtlingstrecks in den Jahren nach Pontens Tod waren noch erschütternder und katastrophaler als die von ihm berichteten, und sie gehen uns mit ihren nach Lösung verlangenden Problemen unmittelbarer an als die der Vergangenheit.

Und was seine anderen Bücher betrifft? Noch bevor sich hierzulande die Verhältnisse nach dem Kriege normalisiert hatten und an Neuausgaben zu denken war, geschah es, daß in dem Hause Martiusstraße 7, in dem das Ehepaar Ponten seine letzte Münchner Wohnung gefunden hatte, Frau Julia eines Morgens, vom Einkaufen heimkehrend, jählings in den Liftschacht stürzte und wenige Tage darauf den erlittenen Verletzungen erlag – sieben Jahre nachdem Josef Pontens Herz plötzlich stehengeblieben war, jedoch ein Jahr vor der Währungsreform. Julia Ponten van Broich, die eine geistig aufgeschlossene, eine künstlerische Frau war, eine prächtige Gefährtin und eine Dame von Welt – auch sie hätte jene Aufgabe zu erfüllen vermocht, die andere Dichterwitwen gerade in München als Nachlaßverwalterinnen vollbracht haben, auch sie hätte Neuausgaben, einige Taschenbücher und vielleicht sogar eine mehrbändige Auswahl aus Pontens Werk anzuregen vermocht. Doch dies war ihr nicht mehr vergönnt und damit auch ihm nicht.

Noch etwas anderes mag mitbewirkt haben, daß es so still um ihn wurde. Ponten verstand es, Bewunderung zu wecken, Achtung, Wertschätzung, aber er verstand es nicht, Liebe zu wecken. So war er im Grunde ein Einsamer, der in seine Arbeit floh. Mitunter nur packte ihn Angst, am Leben vorbeizuleben. Dann verlangte ihn nach Geselligkeit. Er telephonierte sich mit Bekannten zusammen (Freunde hatte er nur wenige), in einem guten Weinlokal, etwa der Torggelstube, die er liebte, oder auch in seinem bücherreichen Heim im vierten Stock, wo heute die Galerie Stangl ihre Bilder ausstellt. Er schätzte einen guten Tropfen, der ihm selbst die Zunge löste. Und wenn das Gespräch seinem rheinischen Naturell entsprach, wurde er munter und gutgelaunt, bisweilen fuhr er mit dem Lift selbst in den Keller hinab, um neue Flaschen zu holen und so den Abend zu verlängern. Ernstes Diskutieren lag ihm ebenso wie freche Frozzelei, oft ging beides ineinander über. Er liebte das scharfe, häufig auch verletzende Aperçu, desgleichen die Zote. Für Humor jedoch war er nicht gütig genug. Vielleicht war er deshalb nicht liebenswert.

Seitdem er von seiner Angina pectoris wußte, wußte er, daß er nicht alt werden würde, und es klangen bei ihm ernstere, elegische Töne auf. Er ahnte und sprach es auch aus: »In reiferen Jahren wird man bescheidener, der Tod ist die letzte und äußerste Bescheidung.« Vielleicht hatte er, der verwegene Planer, der zu Lebzeiten in allen Literaturgeschichten stand, auch geahnt, daß zu dieser letzten Bescheidung der Verzicht auf Unsterblichkeit gehörte? Das Wort jedenfalls, das auf seinem Grabe im Münchner Waldfriedhof steht, stammt von ihm selbst. Er hatte es einst einem Ring für Julia eingravieren lassen. Es lautet: »Schicksal ist Sturm, Staub sind wir.«

Münchner Stadtanzeiger 45 vom 12. November 1965, S. 4

Lieder aus dem Ghetto

Das Jiddische ist eine »lebende Sprache«, die vor unseren Augen und Ohren stirbt und bald zu den toten Sprachen zählen wird. Bis 1939 wurde es allein in Warschau von einer halben Million Juden gesprochen, heute ist es so weit, daß in Polen nur noch etwa 20–30 000 Menschen jiddisch verstehen. Auch für Israel ist diese Sprache, die zu sechzig Prozent aus mittelhochdeutschen Elementen besteht (weitere zwanzig Hundertstel entstammen dem Hebräischen und Aramäischen, der Rest den Sprachen der slawischen Wirtsvölker), kein Problem mehr. Max Brod hat berichtet, daß dort nur noch die Alten sich ihrer bedienen, und zwar nur dann, wenn sie schimpfen, rechnen und lieben – aber schon die Terminologie der Liebe sei nahezu vergessen.

Nachdem in den letzten Jahren verschiedentlich ältere jiddische Erzählungen neu herausgebracht worden sind, liegen jetzt auch jiddische Volkslieder vor, die die »Heidelberger Bänkelsänger« Elsbeth Janda und Fritz Nötzoldt gemeinsam mit Max M. Sprecher gesammelt und als »Lieder aus dem Ghetto«* herausgebracht haben. Derzeit reist das Ehepaar Janda-Nötzoldt durch die Lande, um dieses nahezu unbekannte jiddische Liedgut zu interpretieren und zu kommentieren. In München gastierten die Nötzoldts während der »Woche der Brüderlichkeit« im Tukankreis, oft sind sie, die Heidelberger »Gojim«, auch in jüdischen Gemeinden zu hören, weil auch dort kaum einer noch die alten Texte kennt, und demnächst gastieren sie für das Goethe-Institut in Nordamerika.

Ihr gemeinsamer Vortrag erweist sich als guter Dienst an der Sache. Während Nötzoldt Erläuterungen der nicht ohne weiteres verständlichen Texte bringt, mitunter aber auch zu einem »Schmunzelkolleg« ansetzt und mehr oder weniger bekannte, stets aber charakteristische jiddische Witze einflicht, um den Hörer mit der spezifischen Geisteshaltung dieser Sprache bekannt zu machen,

---

* Janda, Elsbeth; Sprecher, Max M. (Hrsg.): Lieder aus dem Ghetto. Fünfzig Lieder jiddisch und deutsch mit Noten. Vorwort von Fritz Nötzoldt. (190 S.) Ehrenwirth Verlag, München.

singt Elsbeth Janda, sich selbst am Flügel begleitend, die alten Texte nach alten Melodien. Sprachlicher und melodischer Einfall sind durchweg schlicht, einfältig, aber – wie so oft in der Mundartdichtung – von poetischer Aussagekraft. Bisweilen, so im Kinder- oder Hochzeitslied, dringt unbekümmerte Heiterkeit durch, meistens aber herrscht melancholische Grundstimmung vor, gedämpfte Lebensfreude, Resignation, denn vergänglich ist alles und immer steht Abschied bevor. »Wenn singt a Jid?« war das Programm des Abends überschrieben, und das Lied antwortet auf die Frage: »... wenn, wenn es hungert ijhm gijt« – dann, wenn es ihn hungert; er singt, um zu vergessen ... Und selbst wenn man eine eigene Mühle hat, bleibt die Angst vor dem Ungewissen: »Die Räder drejen sijch, / Die Johrn gejen sijch, / Un ois mit sej gejt der Jid« – Die Räder drehen sich, die Jahre gehen dahin, und mit ihnen vergeht der Jude: mit diesem Refrain endet die Ballade von »Des Müllers Tränen«.

Lieder solcher Art verlangen nicht nach brillantem und routiniertem Vortrag, sie wollen still, unaufdringlich und elegisch gesungen werden. Diesen Ton trifft Elsbeth Janda. Obschon sie das Komische und Vergnügte nicht unterdrückt, vermeidet sie Brettl-Effekte, sie hält sich an das, was an Schicksalhaftem in diesen Texten steckt, und macht es eindrucksstark spürbar, ohne darüber sentimental zu werden.

Welt und Wort 1966, S. 140 f.

Drei Phasen – drei Aspekte
Eine Gedenkstunde für Wilhelm Hausenstein

Für Wilhelm Hausenstein, der am 3. Juni 1957, genau vierzehn Tage vor seinem 75. Geburtstag, einer Herzattacke erlag, bringt dieser Monat zwei Gedenktage: die zehnte Wiederkehr seines Todestags und die 85. seines Geburtstags. Die Bayerische Akademie der Schönen Künste, deren erster Präsident er war, und die Münchner Universität, an der er nicht nur promoviert hat, sondern der er später als Botschafter in Paris auch die deutsch-französische Gelehrtenwoche vermittelte (Rektor *Ludwig Kotter* erinnerte in seinen Begrüßungsworten daran), hatten somit Grund genug, gemeinsam eine repräsentative Gedenkstunde zu veranstalten.

Entsprechend den drei markanten Phasen im Leben Hausensteins, der in den ersten Jahrzehnten seines Wirkens vorwiegend Kunsttheoretiker war, in den mittleren Jahren Redakteur und Erzähler, im Alter aber Träger eines verantwortungsvollen, gerade von einem Menschen seiner Art persönliche Entsagung verlangenden politischen Amtes, wurden Persönlichkeit und Lebenswerk Hausensteins in drei Referaten dargestellt. Am kürzesten konnte sich der letzte der Vortragenden, Prof. *Otto B. Roegele* mit seinem Rückblick auf Hausensteins Pariser Jahre fassen, weil Hausenstein Glanz und Elend dieser »heroischen Jahre der Frühe, die auch dieser Staat gehabt hat« (Roegele), in seinem postum erschienenen Tagebuch selbst geschildert hat. Die Verdienste des *Homme de lettres* um die Klimaveränderung in Paris und die Gewinnung der französischen Freundschaft rief Roegele ebenso ins Gedächtnis zurück wie die für Hausenstein bezeichnende Optik, auch in der Politik die Welt als Künstler aufzunehmen.

Über den Menschen Hausenstein zu sprechen, über seine Güte, seine Physiognomie, die Raschheit seines Denkens, die subtile Reaktionsfähigkeit seiner Sinne, sein phänomenales Gedächtnis, seine Arbeitsweise, seine Ordnungsliebe, seine Art, nicht Kunstwissenschaft, sondern nur Kunstgeschichte zu treiben und sich stets am rechten Objekt zu entzünden – dies alles aus intimer Kenntnis darzustellen, war der fünfundsiebzigjährige *Benno Reifenberg* berufen, dessen publizistisches und editorisches Oeuvre *Hermann Kunisch* in seiner Einführung gerecht wertete. Reifenberg war Hausenstein seit den frühen zwanziger Jahren freundschaftlich verbunden, und Freundesworte waren es denn auch, die er vorbrachte.

Nicht emotional, sondern mit wissenschaftlicher Akribie behandelte Prof. *Roger Garaudy* von der Universität Poitiers sein Thema »W. H., pionnier de la sociologie de la forme esthétique«. Garaudy, den Prof. *Hans Maier* als Marxisten, als Mitglied der Kommunistischen Partei Frankreichs und als Atheisten einführte, Garaudy, der im deutschen Sprachraum nicht zuletzt durch die Tagungen der Paulus-Gesellschaft bekannt wurde, beschäftigte sich mit Hausenstein deshalb so gründlich, weil er in dessen frühen Büchern auf den Versuch stieß, eine Synthese aus Sozialismus, Christentum und Kunst zu entwickeln. Vor allem in seinem erstmals 1913 erschienenen Werk »Der nackte Mensch« habe Hausenstein eine zeitgenössische marxistische Ästhetik vertreten wie keiner vor ihm. Als erster habe er begriffen, daß eine Soziologie der Kunst keine Soziologie der Themen sein könne, sondern daß sie eine Soziologie der Form sei.

Gespannt durfte man darauf sein, wie der Atheist Garaudy auf Hausensteins im Jahre 1940 erfolgte Konversion zum Katholizismus eingehen würde. ER tat es fair und positiv. Wie Hausenstein Revolutionär nicht aus Rachegefühl geworden sei, so Christ nicht aus Verzweiflung. Er wurde beides, so Garaudy, aus Bedürfnis nach Fülle.

Süddeutsche Zeitung 138 vom 10./11. Juni 1967, S. 12

SCHWABING ZWISCHEN GESTERN UND MORGEN

… So hatte an sich die Humanistische Union recht, als sie ihr Monatsgespräch während der Schwabinger Woche dem Thema »Schwabing 1967 – Fiktion und Wirklichkeit« widmete, bloß hatte man es dabei allzusehr mit der Wirklichkeit zu tun, d. h. mit dem (angeblich von der Boulevardpresse hochgespielten) Spannungsverhältnis von Polizisten und Studenten, Frühaufstehern und Nachtlokalbesuchern, Kunst-Straßenhändlern und Ladenschlußgesetz, allzu wenig aber mit der Fiktion Schwabing, für die es ebensoviele Varianten wie Köpfe gibt. Eine davon (und ausgerechnet der 73jährige Florian Seidl brachte sie zur Sprache!) lautet so: »Schwabing ist jung oder es ist nicht mehr!« Das will besagen, es sind wie zu jeder Zeit so auch heute die jungen Menschen, die, gärend und reifend, die besondere Atmosphäre Schwabings bestimmen; junge künstlerische Menschen, die noch keinen Namen haben und die auch keine Schwabinger bleiben werden, die man aber mit Schwabing in Zusammenhang bringen wird, wenn sie erst von sich reden machen, in fünf, in zehn oder zwanzig Jahren.

Diejenigen, die das Programm der künftigen Schwabinger Wochen gestalten, sollten daraus vielleicht auch diese Konsequenz ziehen, daß die Preise nach wie vor vorwiegend denen von gestern und heute gehören sollten, die Veranstaltungen aber denen von morgen.

Welt und Wort 1967, S. 355 [gekürzt]

Aktion 1. Juli

G E G E N Ausbildungsnotstand in der Bundesrepublik
Herausg. von der Studentenvertretung der Uni. München

Alle sind sich darüber einig,
   daß Bildungspolitik in unserer Gesellschaft Priorität haben muß.

Alle sind sich darüber einig,
   daß jedermann das Recht auf freie Entfaltung seiner Persönlichkeit und auf freie Berufswahl hat und daß niemand wegen seines Geschlechts, seiner Abstammung, seiner Herkunft benachteiligt oder bevorzugt werden darf.

Alle sind sich darüber einig,
   daß Studenten keine Kinder, sondern Staatsbürger sind, daß ein Student nicht mit DM 290,-- im Monat (Honnef-Höchstsatz) auskommen kann; daß zuwenig Mittel bereitgestellt werden, um den Studenten ein ordnungsgemäßes Studium zu ermöglichen.

Trotzdem
   werden die Bildungsetats in Bund und Ländern nicht erhöht, sondern teilweise sogar noch gekürzt.

Trotzdem
   sind Studenten aus sozial schlecht gestellten Familien an der Universität noch immer benachteiligt, weil sie mit zusätzlichen Leistungsprüfungen und Werkarbeit belastet sind.

Trotzdem
   ist die Ausbildungsförderung für Studenten völlig ungenügend, weil sie zum Bestreiten des Lebensunterhalts nicht ausreicht, kein Rechtsanspruch auf sie besteht und völlig konfus geregelt ist.

DAGEGEN WEHREN WIR UNS !

WIR DEMONSTRIEREN GEGEN DEN AUSBILDUNGSNOTSTAND !

WIR FORDERN EIN BUNDESEINHEITLICHES AUSBILDUNGSFÖRDERUNGSGESETZ !

Demonstration   Freitag 30.6.1967, 11.00 Uhr

Protestkundgebung 11.30 Uhr Wittelsbacherplatz

Es sprechen: Frau Dr. Hildegard Hamm-Brücher
                   MdL Rudolf Schöffberger

Eigendruck im Selbstverlag
Verantwortlich: Joachim Jaudas, 8 München 23
                Leopoldstraße 15

Am Freitag ist die Mensa von 13.00 bis 15.00 Uhr geöffnet.

Flugblatt vom 30. Juni 1967

Korrekturen am Bild Kurt Eisners

Im vergangenen Jahr jährte sich Kurt Eisners Geburtstag zum 100. Mal, im kommenden Frühjahr wird sein gewaltsamer Tod fünfzig Jahre zurückliegen. Was über diesen Mann zu seinen Lebzeiten wie auch noch später an Herabsetzendem, Entstellendem, Gehässigem geäußert worden ist, hat seine Enkelin Freya Eisner aus alten und neueren Zeitungen wie aus Büchern zusammengestellt und jetzt an einem Gedächtnisabend der Neuen Münchner Galerie (Maximiliansplatz) mitgeteilt.

Das Eisner-Bild dieser Dokumente ist, aus welchen Gründen auch immer, in so krassem Schwarz-Weiß gehalten, daß es nur gerecht erschien, eine Darstellung auch aus anderer Sicht zu versuchen. Dies tat Verlagslektor Walter Fritzsche in einem basierten Referat, das sine ira et studio Eisners geistige Entwicklung und politischen Weg nachzeichnete: die ungewöhnliche Karriere eines politisch engagierten Mannes, der, Sohn eines Hoflieferanten in Berlin, als marxistischer Schriftsteller sowie als Redakteur an SPD-Blättern wirkte, sich während des Ersten Weltkriegs in München mit seiner Partei überwarf und als Repräsentant der USPD (der Unabhängigen Sozialdemokraten) nach dem Sturz der Wittelsbacher Bayerns erster Ministerpräsident wurde. Als er nach nur hunderttägigem Regime einem Attentat zum Opfer gefallen war, widmete ihm allein Heinrich Mann eine bemerkenswerte Gedenkrede.

Das in der Neuen Münchner Galerie vorgetragene Material konnte dazu anregen, sich eingehender mit diesem »nach Jahren des Mordens jedes weitere Blutvergießen ablehnenden« Mann zu beschäftigen, von dem Richard Hiepe ein wiederentdecktes Porträt von der Hand des Malers und Graphikers Fritz Schaeffler zeigen konnte, dessen weitgehend in Vergessenheit geratenes, dem Expressionismus nahestehendes Schaffen die Galerie hinfort stärker herausstellen will.

Süddeutsche Zeitung 136 vom 6. Juni 1968, S. 10

Fritz Schaeffler: Kurt Eisner, Holzschnitt

SCHWABINGER MORITATEN-DICHTER

Unter denen, die heute heitere Verse schreiben – man kann sie beinahe an den Fingern einer Hand abzählen (Erich Kästner, Eugen Roth, Herrmann Mostar und wenige andere) – pflegt er eine ganz besondere Spezies: Moritaten. Und da er, der am 4. Februar 1894 in Dresden geboren wurde, die zweite Hälfte seines 75jährigen Lebens in Schwabing verbracht hat, kam er bald schon dazu, sie auf dem Brettl selbst vorzutragen. So wurde Ernst Klotz, der irgendwann einmal den Dr. phil. erwarb und Redakteur lustiger Blätter war, Kabarettist im Hauptberuf. Als solchen kennt und schätzt ihn Schwabing, das ihm 1962 seinen Kunstpreis verlieh. Kaum ein Künstlerfest, an dem er nicht mit von der Partie wäre und, freiwillig oder durch Zurufe angespornt, einige seiner »Schwabinger Poesien« aufsagt (so jedenfalls nennt er sie im Untertitel seines im Süddeutschen Verlag erschienenen Sammelbändchens »Die Wildsau«). Er tut es immer auf die gleiche Weise: trocken, ja *extra dry*, mit bleicher Leichenbittermiene, die nie ein Lächeln auflockert; er tut es mit entsprechend monotonem Tonfall, bestenfalls bei der Schlußwendung die Stimme leicht anhebend –, wobei dann auch heute noch erkennbar wird, daß er aus Sachsen stammt. Er hat komische Szenen und auch eine Tragikomödie geschrieben, aber auf dem Brettl des »Simpl« oder sonstwo wollte und will man immer wieder die Glanzstücke seiner gereimten Grotesken hören: vom Oberförster Wurzelmann, der noch einmal röhren wollte, (»Ich glaubt' es nicht, wenn die Skelette / heut nicht das Jagdmuseum hätte«), vom stämmigen Germanen, der aus Charaktermangel statt zum Thing ins Tingeltangel ging, und von der Küchenfee, die ein schlechter Mensch ihrer Tugend wegen umbringt, was den Dichter zur Moral bewog: »Gebt lieber solchen Rohlingen / Bestecke nie aus Solingen«. Ernst Klotz – der letzte Schwabinger? Hoffentlich nicht. Aber doch eines der letzten Originale, wie sie nur auf dem Humus des alten Schwabing gedeihen konnten.

Welt und Wort 1969, S. 66

Der andere Eugen Roth
Zum 75. Geburtstag des Dichters am 24. Januar

Sie ist oft erzählt worden, jene Anekdote von einem berühmten Spaßmacher, der so sehr von Weltschmerz und Traurigkeit gequält wurde, daß er eines Tages einem Arzt sein Leid klagte, und als der ihm riet, ja, da gebe es nur eines, was ihm helfen könne, er solle sich im Theater den Molière, den Nestroy oder wer sonst es gewesen ist, ansehen, da antwortete der Patient resigniert, eben der sei er selbst.

Falls diese Geschichte nicht wirklich geschah, so ist sie doch von tiefer Wahrheit: Gerade denjenigen, die dank einer besonderen Gabe Unzählige fröhlich zu stimmen vermögen, ist es vielfach nicht gegeben, selbst heiter, leichtlebig, beschwingt zu sein. Sie tun sich schwerer mit dem Alltag, grübeln mehr, sorgen sich mehr als jene, die sich von der Heiterkeit ihrer Kunst verführen lassen – sei es nun Komödiantentum auf der Bühne wie bei Molière oder Nestroy, sei es heitere Dichtung wie bei Eugen Roth, der mit seinen heute in mehr als vier Millionen Exemplaren verbreiteten Versbüchern die Menschen nicht nur während der Kriegsjahre, sondern auch in der Nachkriegs- und sogar noch in der Wunderkinderzeit beglückt hat.

Indessen, man nahm von seiner Hand nur das, was man brauchen konnte, nicht auch das, was er sonst noch gab. Man identifizierte sich mit jener Figur, die er als »Ein Mensch« immer wieder mit den Tücken des Alltags konfrontierte, man stimmte seinen virtuos gereimten Genrebildchen schmunzelnd zu und übersah vielfach, daß es Eugen Roth keineswegs nur um die heitere Szenerie, sondern auch um ein soziales Engagement ging – wie beispielsweise in »Gut gedrillt«:

Ein Mensch steht stumm, voll schlechter Laune
An einem hohen Gartenzaune
Und müht sich, mit gestreckten Zehen
In dieses Paradies zu sehen
Und schließt aus dem erspähten Stück:
Hier wohnt der Reichtum, wohnt das Glück.
Der Sommer braust im hohen Laub,

Der Mensch schleicht durch den Straßenstaub
Und denkt, indes er sich entfernt,
Was in der Schule er gelernt:
Daß bloßer Reichtum nicht genügt,
Indem daß oft der Schein betrügt.
Der Mensch ist plötzlich so bewegt,
Daß Mitleid heiß sich in ihm regt
Mit all den armen reichen Leuten –
Er weiß es selber kaum zu deuten.
Doch wir bewundern wieder mal
Dies Glanzdressurstück der Moral.

Ist es wirklich an dem, daß der »Ein Mensch«-Dichter hier bloß ein Späßchen machen wollte? Oder war es nichts als ein harmloser Gag, wenn er einer 1941 (!) bei Reclam erschienenen Auswahl das Motto voranstellte:

Ein Mensch erlebt den krassen Fall:
Es menschelt deutlich, überall –
Und trotzdem merkt man weit und breit
Nicht eine Spur von Menschlichkeit!

Oder wenn er nach dem Kriege, als wieder »ruhige Zeiten« eingetreten waren, den vielsagenden Vierzeiler schrieb:

Ein Mensch sieht rings nur brave Leute:
Verschwunden ist die wilde Meute.
Nach Adam Riese zählt ein Kind,
Daß es die gleichen Leute sind.

Proben dieser Art, die sich unschwer vermehren lassen, führen bald schon zu der Einsicht, daß Eugen Roth nicht auf den einfachen Nenner eines Humoristen zu bringen ist, sondern daß er – wenn freilich aus anderer Mentalität heraus als Erich Kästner und aus anderem, aus bayerischem Holze geschnitzt – sehr wohl auch Zeitkritiker und Moralist ist. Trotzdem: selbst solche Stücke, so wenig sie sich mit wertfreiem Scherzen begnügen, sind der heiteren Seite seines Schaffens zuzurechnen, der weithin bekannten also, wenngleich freilich diese sozialkritischen Akzente häufig übersehen werden.

Hier aber soll von dem anderen Eugen Roth gesprochen werden, jenem also, an den die eingangs referierte Anekdote denken läßt.

Er findet sich in der reinen Lyrik und in der novellistischen Prosa: Teilen seines Lebenswerkes, in denen der Dichter selbst sein Eigentliches sieht. Melancholie und Resignation sind der Grundakkord der Gedichtbände »Traum eines Jahres« und »Rose und Nessel«. Hier deckt nicht »ein« Mensch, sondern der Mensch Eugen Roth seine Karten auf; einer, der sensibel, leicht verletzlich, illusionslos und schwerlebig ist. Da finden sich Verse wie diese:

Daß immer die Traurigen kommen,
Als hätt' ich Kraft und Mut.
Sie spüren's wohl, die Armen:
Wem's selber wehe tut,
Der kennt auch das Erbarmen.
So seid denn aufgenommen
Und weint mit mir und ruht!

In diesen Gedichten begreift Eugen Roth die Erde als einen »fremden Stern«, und ihm graut vor dem »goldenen Sinn, / Des ich doch nie teilhaftig bin«. Er bekennt glanzlos »Ich wüßt / Kein Ding der Welt mehr, das mich glücklich macht ...« Er fühlt sich einsam, kontaktlos: »Die Stadt ist verlassen – Keine Tür läßt mich ein«. Oder: »Keinem ich zum Glücke fehle«.

Auch später noch, als Eugen Roth offenbar unter dem Einfluß des von ihm verehrten Georg Britting immer häufiger bayerische Landschaft besingt und »himmlisch heiter« über Tal und Berg wandert oder zuversichtlich mahnt: »Laß die Trauer! Spüre, / Wohin auch der Weg dich führe, / Wird er dir Heimweg sein ...« – auch später noch finden sich Verse wie: »Nicht weinen, o nur nicht weinen – / Die Welt ist erbarmungslos ...«

Von dieser Erbarmungslosigkeit der Welt zeugt auch eine von Roths eindrucksvollsten Novellen, die zugleich seine münchnerischste ist: »Der Regenschirm«. Da darf der Münchner Bub Jakob die Pfingsttage bei seiner Tante in Grafing verbringen, die Mutter, eine verarmte Witwe, schickt ihn nach dort, um das Essen für ihn zu sparen, und sie gibt ihm, damit sein guter Anzug nicht durch einen Gewitterregen an Ansehnlichkeit verliere, einen Regenschirm mit – nicht ohne die hart und drohend vorgebrachte Ermahnung, nur ja nicht ohne dieses kostbare Requisit nach Hause zurückzukehren. Der Bub möchte den ihn über Gebühr belastenden Schirm am liebsten daheim lassen, aber die Mutter besteht darauf, und von dieser Minute an sind dem Buben die Pfingsttage verdorben. Unentwegt denkt er an den Schirm, der so ganz außerhalb seines Bewußtseins bleibt, er versucht krampfhaft, ihn nicht aus den Augen zu verlieren. Trotzdem: als ihn auf der Rückfahrt ein freundlicher Reisender, der ihm bereits eine Lehrstelle in Aussicht gestellt hat, darauf hinweist, daß Jakob ja statt des Schirms einen Blumenstrauß bei sich trage, da ist für den Kleinen die Katastrophe da: »Die Gesichte in ihm überstürzen sich. Konnte nicht die Mutter tot sein, tot, für immer verstummt der böse fragende Mund? Nein! Konnte er nicht krank sein, spürte er nicht das Fieber in sich, Hitze und Frost in jagenden Stößen ...? Konnte nichts geschehen, lieber Gott, was denn, irgend etwas, die Sterne vom Himmel, nein, er wußte nichts. Nichts. Unentrinnbar. Ohne Gnade ...«

Während der Bub sich mit diesen drückenden Gedanken abplagt – drückender als die Alltagssorgen, mit denen sich in den heiteren Versen je »ein Mensch« abgegeben hat, und während der Zug in den Münchner Hauptbahnhof einläuft, da geschieht jener grauenerregende Zugzusammenstoß an der Hackerbrücke, dem viele fröhliche Pfingstheimkehrer zum Opfer fielen. Alle Beteiligten standen unter dem Eindruck der Katastrophe, nur einer nicht: der Bub, der ohne seinen Schirm nach München zurückkam: Für ihn ist ein Wunder geschehen. Als er im Krankenhaus noch einmal die Augen aufschlägt, da fällt sein letzter Blick auf die Tante aus Grafing und den Schirm, den sie ihm mitgebracht hat. »Da ging ein Lächeln und Leuchten über Jakobs Gesicht, und er griff nach dem Schirm, der kein Unhold mehr war, sondern ein trostreicher Gast, geliebt und willkommen, ein starker und sicherer Führer in die Finsternis ...« Als die Mutter ins Zimmer tritt, ist der Bub tot, aber: »da lag er, unversehrt, der Regenschirm, den sie vergeblich gesucht hatte«.

Das Untergründige, Rätselhafte, Dämonische des Lebens hat Eugen Roth auch in anderen seiner ernsten Erzählungen zum Ausdruck gebracht, aber kaum noch einmal so herb, so hart, so erbarmungslos wie in dieser Münchner Novelle, in der der Regenschirm die formale Funktion des Paul Heyseschen »Falken« erfüllt, und in der der Dichter am Exemplum zweier einfacher Menschen, des Buben und seiner hartherzigen Mutter, jenen Kontrast auf den einfachsten Nenner brachte, den er später zwischen »Mensch und Unmensch« auf humorige Weise austragen ließ.

Alles, was in den »Ein Mensch«-Gedichten für den bürgerlich-unheldischen und namenlosen »Helden« zum Problem wird, hat den gleichen Bagatellencharakter wie der Regenschirm in dieser Erzählung – bloß werden in den heiteren Versen die kleinen Alltagstücken und Mißstände mit einer elegant formulierten Pointe überwunden, hier aber, in der Erzählung, bleibt diese Tücke unbewältigt, der Regenschirm wird geradezu zum Schicksal für einen (jungen) Menschen, der Bub zerbricht daran. Für genauso erbarmungslos, für genauso ohne Gnade, wie Jakob die Welt erlebt, hält im Grunde auch der stets pessimistische »Grantler« Eugen Roth Welt und Leben, der nicht zufällig allen seinen heiteren Versen diese »peinliche Erkenntnis« voranstellte:

Ein Mensch erblickt das Licht der Welt –
Doch oft hat sich herausgestellt
Nach manchem trüb verbrachten Jahr,
Daß dies der einzige Lichtblick war.

Oder, um es mit dem Satz eines anderen Dichters zu umschreiben: »Humor ist, wenn man trotzdem lacht.«

Aus dieser Trotzhaltung hat Eugen Roth seinem zutiefst pessimistischen Weltbild die heiteren Verse abgerungen – und andere erheitert, während er selbst eher dazu neigt, sich wie der große Komiker unserer Anekdote vom eigenen Weltschmerz kurieren zu lassen. Ein beglückender Trost für ihn selbst, der morgen seinen 75. Geburtstag feiert, mag es sein, daß es ihm nie so erging wie jenem von ihm besungenen Maler, der drei Jahre lang voll Begeisterung an einem einzigen Bild malte.

Dann legt er stolz den Pinsel hin
Und sagt: »Da steckt viel Arbeit drin.«
Doch damit war's auch leider aus:
Die Arbeit kam nicht mehr heraus.

Münchner Stadtanzeiger 7 vom 23. Januar 1970, S. 6

Eine Ehe wie im Drama
Frank Wedekind, wie seine Frau ihn sah

Als Tilly Wedekind am 20. April 1970, wenige Tage nach ihrem 84. Geburtstag, in München starb, hatte sie den Dichter, dessen Namen sie trug, um nicht weniger als 52 Jahre und anderthalb Monate überlebt. Die nahezu zwölf Jahre, während derer die Ehe zwischen Frank Wedekind und Tilly Newes bestanden hat – vom 1. Mai 1906 bis zum 9. März 1918 –, sind in einigen Biographien kurz behandelt worden. Eine authentische Darstellung erfuhren sie erst durch Tillys eigene Memoiren, die sie im Herbst 1969, nur ein halbes Jahr vor ihrem Tode, veröffentlichte. Hier ist aus der Sicht der Achtzigjährigen dargestellt, wie zwei nach Alter, Herkunft, Temperament und Lebensauffassung grundverschiedene Menschen vergeblich versuchten, für ein gemeinsames Leben einen gemeinsamen Nenner zu finden. Tilly Newes, gebürtige Grazerin, die am heimischen Theater bereits als Backfisch begann, spielte einen solchen als eine ihrer ersten Rollen in Wedekinds »Kammersänger«.

Eine zweite Begegnung mit Wedekinds Schaffen erlebte sie in Köln, als dort ein Leipziger Ensemble mit dessen »Erdgeist« gastierte. Damals – sie war nun siebzehn – fiel ihr ein Band mit »Brettl-Liedern« in die Hand, darin Wedekinds »Ilse«, die sie spontan auswendig lernte, und sein Bild mit buschigem Schnurrbart, das ihr so gut gefiel, daß sie es – wenn man ihr glauben darf (Wedekind tat es nicht) – verliebt küßte.

Erste Begegnung

Drittes oder viertes Engagement in Wien: Hier bereitete Karl Kraus, der »Fackel«-Herausgeber, eine geschlossene einmalige Vorstellung der »Büchse der Pandora« vor, des zweiten Teils der Lulu-Tragödie. Weil Kraus Tilly auf dem Presseball das »Ilse«-Gedicht hatte vortragen hören, bot er ihr die Rolle des Liftboys Bob an, doch es fügte sich, daß ihr zu guter Letzt die Rolle der Lulu zufiel. Wedekind, damals vierzig, als Gast Jack the Ripper, also ihren Mörder spielend, sah die 22 Jahre jüngere Schauspielerin bei dieser Aufführung zum ersten Mal.

Ihr Eindruck von ihm: ein breitschultriger, etwas untersetzter Mann mit einem prachtvollen Kopf und hellen graublauen Augen. Weil er sichtlich Lampenfieber hatte, tat er ihr leid in seiner Angst, »und ich gab ihm einen Kuß«. Trotz aller jugendlichen Unerfahrenheit spürte sie: »Ich war genau der Typ, den Wedekind sich für die Rolle gedacht hatte: jung, naiv und doch voll Erotik – eine Mischung, für die viele Männer etwas übrig haben. Ein Instinktwesen mit wachem Verstand, aber geleitet von seinem Trieb.« Daß sie dem Dichter nicht nur auf-, sondern auch gefiel, wunderte sie nicht: »Ich war ja gewöhnt, daß ich auf Männer Eindruck machte.«

Von diesem Tag an riß der Kontakt zwischen beiden nicht mehr ab. Wedekind bat sie von München aus um ihr Photo, sie wandte sich später, nun neunzehnjährig, an ihn mit der Bitte, sich für sie in Berlin einzusetzen, weil sie »an große Häuser gewöhnt« sei. Wedekind tat dies. Sie zog nach Berlin, unmittelbar in seine Nähe, sie wurde seine Geliebte und im Frühjahr darauf, am 1. Mai 1906, seine Frau.

Frühe Konflikte

Noch vor der Eheschließung fingen die Konflikte an, bedingt durch seine Eifersucht und ihre Extravaganz. Eine der vielen »Szenen« zwischen ihnen schildert Tilly selbst. Am Abend des 16. Februar 1906 – er hatte einen Vortrag über Heine gehalten – bestand sie darauf, mit in sein Zimmer zu gehen. Er nahm sie mit, entfernte sich aber sofort wieder und ging zum Bier. In ihrer Wut zerbiß sie das Plumeau seines Bettes, die Federn flogen umher. Als er dies heimkehrend entdeckte, zerriß er ihre Photos, sie sprang aus dem Bett, stieß die Petroleumlampe um, ein Zimmerbrand entstand, und während er sich ans Löschen machte, lief sie, »nichts an als Hemdchen und Höschen«, aus dem Haus und sprang in die eiskalte Spree, aus der sie ein Schiffer rettete.

Da auch ihre Schwester Paula und ihre Mutter durch Selbstmord endeten, hat Tilly Wedekind den Freitod immer wieder in Erwägung gezogen; bald dachte sie an den Strick, bald an den Revolver, den sie für ihre Lulu-Rolle besaß, oder sie sprang aus einer fahrenden Droschke oder sie nahm eine Überdosis Tabletten. Dennoch suchte sie den Grund für ihre Depressionen nicht in ihrer, sondern in seiner Familie: »Wäre mir von Anfang an klargewesen, welche Konflikte es innerhalb seiner Familie gab – ich hätte ihn vielleicht gar nicht geheiratet.«

In Tillys Erinnerung zeichnet sich das Bild des Dichters mehr negativ als positiv. Er erscheint stets geplagt von Eifersucht und Mißtrauen, überdies als Despot und Pedant. Den Pedanten schildert sie beispielsweise so: »Frank hatte auf seinem Schreibtisch einen Zettel angeheftet, auf dem deutlich zu lesen stand, wie alle Gegenstände auf der Schreibtischplatte arrangiert zu sein hatten, damit beim Abstauben nichts durcheinander geriet.« Oder: »Frank schrieb einen Speisezettel für drei Wochen auf, damit alles drankam, was er gern aß.«

Den Despoten kennzeichnen Bemerkungen wie diese: »Er hatte mir in jahrelangem Umgang die Überzeugung beigebracht, daß ich nichts und er alles sei.« – »Daß Frank ein selbstherrlicher Familienvater war, kann wohl niemand bezweifeln.« – »Er war ein interessierter Vater und ich glaube, ein guter Pädagoge. Allerdings ziemlich streng.« – »Durch seine Strenge erreichte er nur, daß ich anfing, ihn zu fürchten wie einen unerbittlichen Lehrer und Erzieher.« – »Damals war ich namenlos verschüchtert. Äußerlich blieb alles, wie es war. Innerlich wandelten sich meine Gefühle für ihn. Es blieb nur Respekt, Achtung vor seinem Genie übrig – Liebe nicht.«

Dabei hatte Tilly in ihren Augen alle Tugenden einer guten Ehefrau vorzuweisen. Laut einem Horoskop, das sie zitiert, verfügte sie über »ein ausgeprägtes Pflichtgefühl, eine starke Opferbereitschaft und großen Hang zur Melancholie, obwohl von Natur heiter, humorvoll und leichtsinnig«. Außerdem war sie überzeugt, »daß mein Aussehen, mein Auftreten, meine österreichische Liebenswürdigkeit in den Salons der großen Gesellschaft am besten zur Geltung kamen«.

Eifersuchtsszenen

Kein Wunder, daß Frank Wedekind nie mit seiner Eifersucht fertig wurde und sie auf oft unschöne Weise äußerte. »Er hielt sich offenbar nicht für liebenswert. Daher lebte er in dauernder Angst, hintergangen und lächerlich gemacht zu werden. Franks Treue beruhte auf dem Altersunterschied zwischen uns. Er fürchtete, mich zu verlieren.« Immer wieder erwähnt sie »Franks bizarre Angstvorstellungen« und daß er stets fürchtete, »als alternder Ehemann einer jungen Frau lächerlich zu wirken«. Überdies: »Er hat mir eben alles zugetraut« und »Er hat mir nie vertraut«.

Mit der Zeit wurde sie sogar der Gespräche mit ihm überdrüssig, »da es ja im Laufe der Jahre immer mehr Themen gab, über die man mit ihm nicht sprechen konnte, weil sie ihn verletzten«. Eines davon war ihr Bestreben, auch mit anderen Schauspielern als nur mit Wedekind aufzutreten. Er meinte, »daß es keinen Zweck hätte, wenn ich anderen Autoren zum Erfolg verhelfen würde. Es sei für uns beide wichtiger, daß seine Stücke Erfolg hätten«.

Bruno Paul: Frank Wedekind

Auch an seiner Leistung als Spielleiter wurde Tilly irre: »Franks Regie, obwohl sicher richtig, war ja doch eigentlich eine Dressur, und während ich früher durch meine Natürlichkeit gewirkt hatte, war ich jetzt durch seinen strengen Stil unnatürlicher geworden.« Sie gibt dennoch zu: »Unsere Beziehung war immer schön und harmonisch, wenn wir künstlerisch zusammenarbeiteten.« Allerdings auch nur dann, wenn sie dankbare Rollen bekam. Als er sie einmal als stumme Partnerin seiner »Rabbi-Ezra«-Monologe auftreten ließ, warf sie ihm an den Kopf, »ich sei kein Schaustück, sondern eine Schauspielerin«, und prompt »schrieb Frank zwei neue Einakter mit guten, wirksamen Rollen für mich«.

Zur Katastrophe kam es in dieser Künstlerehe, »als er krank war und sich mir nicht mehr gewachsen fühlte«. Als sie bei einem Gastspiel in der Schweiz mehr Beifall bekam als er, sagte er eisig: »Es hat keinen Sinn mehr, daß wir zusammen spielen. Ich kann ja keinen Konkurrenten mitnehmen.« Tatsächlich machte er nun Gastspiele ohne sie. »Es war die größte Kränkung, die er mir zufügen konnte. Hatte ich nicht mein Engagement seinetwegen aufgegeben? Hatte ich nicht meine Jugend, meine Begabung restlos ihm zur Verfügung gestellt? Hatte ich ihm nicht zum Erfolg verholfen? Und jetzt war ich kaltgestellt!« Oder an anderer Stelle: »Er hatte vergessen, daß er eine selbständige Schauspielerin geheiratet hatte, die ihr Engagement nur aufgab, um sich an seiner Seite für sein Werk einzusetzen! Alles zählte nicht, alles war nichts!«

Die Katastrophe

Schließlich wußte sie nur noch eine Konsequenz: »Wenn er nicht starb – dann wollte ich sterben. So war es unerträglich!« – Und sie vergiftete sich mit Sublimat-Tabletten. Sie kam ins Krankenhaus und wurde gerettet. »Frank kam öfter, aber seine Besuche regten mich auf, und die Ärzte legten ihm nahe, sie möglichst zu unterlassen.« Währenddessen nahm Franks Krankheit zu: »Er war unterernährt. Die Aufregungen meinetwegen hatten ihm zugesetzt. Er ging am Stock.« Am Morgen nach dem Tage, an dem sie hatte heimkehren dürfen – »ich saß gerade vor meinem Frisiertisch« – kam Frank herein, fertig angezogen, und sagte, er fahre jetzt in die Klinik. »Ich war ganz erschrocken, ich hatte nicht geahnt, daß er sofort wieder ins Krankenhaus wollte. Ich bot ihm an, ihn zu begleiten, aber er lehnte ab.«

Wenige Tage später, am 2. März 1918, wurde Frank Wedekind operiert (er hatte Krebs). Am Morgen des 9. März wurde Tilly wegen aufgetretener Komplikationen in die Klinik gerufen: »Noch draußen auf dem Gang hörte ich Franks Stimme: ›Tilly – Tilly!‹ Er hatte schon stundenlang nach mir gerufen.« Noch ein kurzes Gespräch. »Dann atmete er nicht mehr. Mit einem Blick auf mich war er gestorben.«

Ehe als Theater

In Tilly Wedekinds Memoiren folgt ein großer Abschnitt über ihr weiteres Leben, in dem sie als »seine Witwe Tilly« sein Werk wie seine Tantiemen verwaltete, die Freundin Albert Steinrücks, Ernst Udets und Gottfried Benns wurde, die Schwiegermutter von Carl Sternheim, Charles Regnier und anderen, und in dem sie bald als die »tolle Tilly«, bald als von Depressionen überschattet erscheint – trotzdem: Der gewichtigste Teil des Buches ist jener, in dem sie Einblick in ihre Ehe gewährt; in eine Ehe zwischen überaus schwierigen, ehrgeizigen, egozentrischen Partnern, die sich auch im Alltag nie weit von Literatur und Theater zu entfernen vermochten und einander bis zuletzt quälten, als seien sie Figuren aus einem der dunkelsten Ehedramen Strindbergs.

Münchner Stadtanzeiger 43 vom 29. Mai 1970, S. 7

Die Schwabinger Franzi

Auf dem Bal paré Anno 26 im Deutschen Theater sah sie aus »wie ein Reznicekbild, aus dem Simplicissimus ausgeschnitten«, fand Ernst Hoferichter, und er überlegte, ob sie die Königin Semiramis sei oder ein Malermodell aus der Kaulbachstraß'. »Mein Lieber, ich bin a Patriziertochter von der Rosengasse«, antwortete die »fescheste Frau dieser Nacht« und warf ihm auf ihre unbekümmert burschikose Art als erstes vor: »Und tanzen kannst auch net!«

Was aus dieser Begegnung wurde, umschreibt in Hoferichters Memoiren ein einziger Satz: »Sie blieb, wurde mir Modell und Kritik, las von mir jede Zeile, strich weg und fügte hinzu und fuhr mit mir mehrmals um die Erde.«

Freilich war die Franzi längst vor diesem schicksalhaften Zusammentreffen schon eine bekannte Schwabinger Figur, umworben als Mäzenatin von Malern und Schriftstellern, als Titelbild war in der »Jugend« Habermanns repräsentatives Porträt von ihr erschienen, sie sammelte auf Jahrmärkten barocke Madonnen, gotische Heilige und Empirekommoden. Hinfort sammelten sie gemeinsam vor allem Reiseerinnerungen in fünf Kontinenten. Schließlich, nach dem Kriege, heirateten sie, »aber der feierliche Akt fand in keinem Standesamt, sondern – erstmalig, seit das Rathaus steht – im Amtszimmer des Bürgermeisters statt«, wo Franzi bei der Unterschrift überlegen mußte, ob man Hoferichter mit einem oder zwei »r« schreibt.

Heute feiert die Franzi ihren achtzigsten Geburtstag – ohne ihren Reise- und Lebensgefährten, der am 3. November 1966 starb, und auch nicht in ihrem Schwabinger Häusl, sondern im Krankenhaus, wo sie, von guten Arztfreunden gewissenhaft umsorgt, seit Wochen liegt. Leidgeprüft also, und doch die Altvertraute. Noch immer wird – so frozzelte Ernst einst, als er im »Simpl« über sie schrieb – »die ungewisse Größe ihrer Stirn durch Ponyfransen verdeckt, die gleich Lianen oder Schnittbohnen herabhängen«; noch immer ist sie das über jede Konvention erhabene Enfant terrible, das man nicht nur in Künstlerkreisen, sondern auch im Rathaus schätzt; noch immer aufgeschlossen für alles Künstlerische im allgemeinen und für alles Schwabingerische im besonderen – ein herrliches

Temperament, spontan in ihren Reaktionen, humorvoll, offen, mit Mutterwitz begabt.

Was man dem »Schwager« nachgerühmt hat, das ist auf ihre vitale Weise auch sie, diese weitgereiste Münchnerin: ein Original, wirkend und ausstrahlend nicht durch ihre Werke, sondern durch Sein.

Süddeutsche Zeitung 169 vom 16. Juli 1970, S. 9

»Sonderbar, heute früh war es eine Schleife und jetzt ist es ein Knoten!«
Ferdinand von Reznicek, Lithographie im Simplicissimus 1905

Zur sozialen Lage des Schriftstellers
Fakten – Forderungen – Meinungen

Wenn sich im Mai 1969 die verschiedenen Landesverbände, die bis dahin die Berufsvertretung der deutschen Schriftsteller darstellten, dank er Initiative *Dieter Lattmanns* zum »Verband deutscher Schriftsteller« (VS) zusammenschlossen, wenn sie das Thema von *Heinrich Bölls* Eröffnungsvortrag über »Das Ende der Bescheidenheit« zu ihrem Motto wählten und auf ihrem ersten Bundeskongreß in Stuttgart (November 1970) eine bei ihnen ungewohnte Stoßkraft entwickelten, so nicht zuletzt deshalb, weil sich der Stand dieser Freiberuflichen in unserem Lande unterprivilegiert sieht. Noch immer sind Rechtsreformen zu erkämpfen, ohne die eine Besserung der sozialen Lage kaum erwartet werden kann. Einer Lage, die in der Erhebung einer Mehrwertsteuer von geistig Schaffenden, in einseitig von Verlagen und Rundfunkanstalten diktierten Verträgen, in der Enteignung durch den »Schulbuchparagraphen«, der den kostenlosen Nachdruck besonders guter Texte in Schulbüchern legalisiert, im Fehlen einer Bibliotheksgebühr zugunsten der Urheber und in manchem anderen mit ihre Ursache hat.

Die Situation der Älteren

Es fällt nicht schwer, die ernste, bisweilen verzweifelte Lage insbesondere älterer Autoren zu belegen, die freilich auch der schnelle Wechsel literarischer Moden, Strömungen und Geschmäcker, desgleichen der Strukturwandel des Publikums, das sich neuen, bequemeren Medien zuwandte, mitbewirkt hat. Viele Schriftsteller, die vor Jahren durch literarische Husarenstücke von sich reden machten und Jahre hindurch das Interesse des Publikums für sich zu erobern vermochten, haben zuguterletzt die Schlacht um den Erfolg verloren und das in der Öffentlichkeit besetzte Terrain wieder räumen müssen. Während aber Offiziere und Generäle, die in ihrer beruflichen Laufbahn nach ähnlich gelungenem Start weit größere Mißerfolge, nämlich zwei verlorene Kriege, vorzuweisen haben, ihren Lebensabend auf dem Fundament hochdotierter Pensionen verbringen, also keineswegs für ihre »Fehlinvestitionen« zu büßen haben, müssen die im Alter erfolglos gewordenen, jedoch mit keinerlei Rechtsansprüchen ausgestatteten Schriftsteller an Behörden und Wohlfahrtsinstitutionen Bittgesuche richten, um mit deren huldvoller Subvention ein unwürdiges Existenzminimum zu erreichen.

Einige typische Fälle aus dem Bereich eines süddeutschen Landesverbands sollen verdeutlichen, wie heute der Alltag manches gealterten Autors aussieht. Da Außenstehende nur zu gern mit der Gegenfrage aufwarten, wer überhaupt sich als Schriftsteller bezeichnen dürfe, nachdem es ja für diesen Beruf keine geregelte Ausbildung, keine Prüfungen, keine öffentlich-rechtliche Qualifikation gebe, ist in jedem der hier vorgetragenen Fälle als Legitimation ein kurzer Hinweis auf das Lebenswerk des Betreffenden vorangestellt. Sein Name freilich kann nicht genannt werden, um ihm bei potentiellen späteren Partnern nicht von vorneherein jede Chance zu nehmen.

Ein Dramatiker

Da ist einer vom literarisch einst erfolgreichen Jahrgang »01«. Als er dreißig Jahre alt war, kannte man ihn gut. Mehrere seiner Stücke waren aufgeführt, ein Roman und Novellen von ihm im Gespräch. Sein Werkverzeichnis umfaßt heute 59 Nummern: Romane, Erzählungen, Dramen. Viele davon sind, da er zu den politisch unbelasteten, ja verfolgten Autoren gehörte, in den Jahren unmittelbar nach 1945 erschienen. Und heute? »Ich stehe jetzt in meinem siebzigsten Lebensjahr. Als ich im letzten Jahr mich entschloß, noch einmal auf Verlagssuche zu gehen, war der Tenor eindeutig: ›Was kann von einem Mann, der in 21 Jahren schon neunzig wird, denn noch kommen?‹ Briefe, die ich schrieb, wurden meistens nicht beantwortet, Besuche, die ich machte – nun, man bat mich nicht einmal, neue Manuskripte einzusenden. Nein, warten mußte ich nirgends. Die jungen, mir unbekannten Lektoren und Dramaturgen empfingen mich sofort, waren höflich, aber – es war ein Staatsbegräbnis Erster Klasse. Geprüft wurde nichts mehr von mir. Alle Bücher sind vergriffen. Neue Auflagen nicht zu erwarten. Der Schreibtisch überfüllt. – Bei Bühnenwerken regt sich ab und zu noch etwas, aber es langt nicht mehr. Privatvermögen habe ich nicht mehr. Meine Altersversorgung blieb in der Währungsreform. Zum Teil hatte ich dann auch noch Pech ... zwei Komponisten von Format starben mitten in den Arbeiten, neue Komponisten waren nicht zu finden,

Josef Seidl-Seitz: Toni Kuchler, Schriftsteller, Holzschnitt

und vorläufig waren meine Texte also umsonst. – Ich muß betteln gehen, um alles noch zu schaffen. (Einen besseren Ausdruck finde ich nicht.)«

Ein Essayist

Da ist ein heute 82jähriger Dr. phil. Zeitlebens war er Privatgelehrter und freier Schriftsteller. Über seine publizistische Tätigkeit geben nicht nur Kürschners Literatur- und Kürschners Gelehrtenkalender Auskunft, sondern auch das kritischere Nachschlagewerk »Who is who in Germany?« Er stand Hermann Hesse, Georg Heym, Fritz von Unruh, Jakob van Hoddis und vielen anderen persönlich oder doch brieflich nahe, Vorabdrucke aus seinen Memoiren sind in einigen Zeitungen und Zeitschriften erschienen, sein persönliches Archiv, das noch viel wertvolles Material enthält, will er dem Marbacher Schiller-Archiv vermachen. Dieses Material möchte er selber noch erschließen, »ehe es mir unmöglich wird«. Auch andere großangelegte Arbeiten sollen noch abgeschlossen werden.»Leider aber steht die endgültige Verwirklichung dieses Arbeitsprogrammes in tragisch-groteskem Gegensatz zu meinen äußeren sozialen Existenzbedingungen – ein bitteres Paradigma zur Situation deutscher Autoren. Mit 82 Jahren hause ich noch immer allein und unbetreut in einem einzigen, mit Skripturen und Büchern überladenen Raum. Da ich mir weder eine größere Behausung noch eine Arbeits- und Haushaltshilfe leisten kann, muß ich einen erheblichen Teil meiner Kräfte an banale äußere Dinge verausgaben, ehe ich (meist erst abends) zum Produzieren komme.«

Ein Jugendbuchautor

Da ist ein Jugendbuchautor, 67 Jahre alt. Allein zwischen 1955 und 1967 brachte er an die zwanzig Bücher heraus, auch volkstümliche Romane. Er hat ein Lied davon zu singen, »in welch schäbiger Weise ich als Jugendbuchautor vonseiten namhafter Verlage entlohnt werde. Einer in Stuttgart vertreibt mein mit 15 000 Erstauflage herausgekommenes Jugendbuch ›x... y...‹. Für diese enorme Erstauflage erhielt ich eine Pauschale von nur 800 Mark und zusätzlich, nachdem ich 1970 rebellierte, 200 Mark und hundert Freiexemplare. In einem anderen Verlag, wo ich mit drei Jugendbüchern vertreten bin, ist die Bezahlungsweise gleich schäbig. Dem rein literarischen, als gut zu bezeichnenden Erfolg stehen niedrige Honorare gegenüber, welche dem Verfasser ein ärmliches Dasein bescheren.«

Eine Unterhaltungsschriftstellerin

Sie ist mittlerweile eine Siebzigerin. Ihr Name steht seit Jahrzehnten im »Kürschner«. Eine nicht unbeträchtliche Lesergemeinde schätzt ihre volkstümlichen Romane, die auch in den Leihbüchereien stehen. Einige davon sind vor vielen Jahren in einem altehrwürdigen Verlag herausgekommen, der einmal der Betreuer eines unserer Klassiker war. Heute kommt die fleißige alte Dame nur noch bei einem drittrangigen Verlag an, der ihr für die Erstauflage

(3000 Exemplare) eines ausgewachsenen Romans, der keineswegs in Heftform, sondern als Buch mit Leineneinband und Schutzumschlag vorgelegt wird, einen Pauschalbetrag von achthundert Mark bezahlt:»An einem Roman arbeite ich nahezu ein Jahr«, muß Sie bitter bekennen, denn Sie hat neben dieser Arbeit ihren Haushalt und einen kranken Mann zu versehen.»Wenn es mir körperlich möglich wäre, Fenster putzen zu gehen, käme ich immerhin auf einen Stundenlohn von fünf Mark ...«

Ein Übersetzer

Oder da ist ein Übersetzer von Rang. Einer von denen, die ein literarisches Werk mit allen Valeurs aus einer fremden Sprache in die eigene herüberzuholen verstehen. Führende Verlage haben ihm Bücher von Steinbeck, Pearl S. Buck, Nicolson, der Sackville-West und vielen anderen anvertraut. Es ist eine kleine Bibliothek, die er Laufe der Jahre dem deutschen Leser zugänglich gemacht hat. Mittlerweile ist er 75 Jahre alt geworden, die Aufträge bleiben aus, ein Anrecht auf eine Altersversorgung vermochte er nirgendwo zu erwerben. Fazit:»Aus gesundheitlichen und geldlichen Gründen konnte ich mein Eigenheim nicht mehr aufrecht erhalten. Ich löste es also ganz auf und mußte bis auf ganz wenige Sachen, die ich verkaufen konnte, alles andere verschenken und zum Teil noch dafür bezahlen, daß es abgeholt wurde! Schließlich landete ich dann nach einigen Irrfahrten hier bei einem alten Freund, der das hiesige Hotel ›Post‹ gepachtet hat. Ich zahle einen Freundschaftspreis für mein Zimmer. Für die unregelmäßige Fresserei spiele ich so etwas wie den Hilfsportier, vor allem wenn Ausländeromnibusse ankommen. So bin ich wohl der unmittelbaren Not enthoben, das ist aber auch alles. Von wegen Wirklich-beruhigt-sein-können ist nicht drin, auch meine Tätigkeit zu dünn und zu selten, als daß ich außer Verpflegung auch noch Geld dafür verlangen könnte, und die Miete am Monatsersten aufzubringen ist jedesmal ein Problem ...«

Wie dem auch sei: die Misere der Schriftsteller ist groß, und dem Elan des knapp zwei Jahre alten VS ist es zu verdanken, daß sie in der Öffentlichkeit neu reflektiert wird. Was auch immer die Folgeerscheinungen sein werden – die soziale Lage des Autors können sie nur verbessern.

Welt und Wort 1971, S. 1 ff. [gekürzt]

VS-Autoren als Gewerkschaftler?

Anfang November hat die Urheberrechtsnovelle im zuständigen Bundestagsausschuß Befürwortung gefunden und die von den Buchautoren geforderte Bibliotheksabgabe (10 Pfennige pro Ausleihe, die den Grundstock für den zu errichtenden Altersfonds bilden sollen) ist nicht mehr nur eine Taube auf dem Dach, sondern in greifbare Nähe gerückt. Noch immer aber gelang es den Schriftstellern nicht, Musterverträge durchzusetzen, verbindlich für Verlage und erst recht für die mächtigen Rundfunk- und Fernsehstationen, die sich diesbezüglich seit Monaten nicht sprechen lassen; noch immer gibt es Jugendbuchautoren, die pro Exemplar unter fünf Prozent und höchstens acht Prozent Honorar erhalten; noch immer gibt es Herausgeber erfolgreicher Anthologien, die mit einer einmaligen geringen Pauschale abgefunden werden usw.

Wenn die Autoren hier zu ihrem Recht kommen wollen, nutzt es wenig, daß sie mit Streik drohen, also keine Bücher, Theaterstücke und Artikel mehr schreiben, denn ihre Kontrahenten – Verlage, Funk, Fernsehen, Theater – würden sich auf andere Weise zu helfen wissen. Vielmehr können sie ihre sozialen und wirtschaftlichen Ziele nur erreichen, wenn es ihnen gelingt, statt der Produktion die Reproduktion ihrer Arbeit für einen von ihnen mitzubestimmenden Zeitraum zu verhindern, also die Setz- und Druckmaschinen, die Sendeanlagen und alles, was sonst dazugehört, stillstehen zu lassen. Das aber ist nur möglich, wenn sie sich nicht mehr wie bisher ständisch und als selbständige Unternehmer definieren, sondern als »arbeitnehmerähnlich«, und sich mit den Arbeitern und Angestellten der betreffenden Medien und Institutionen verbünden.

Auf Grund dieser Einsicht, die zunächst nur von wenigen Autoren vertreten wurde, nun aber unter den 3000 Mitgliedern des 1969 gegründeten Verbandes deutscher Schriftsteller (VS) langsam an Boden gewinnt, haben die VS-Beauftragten Dieter Lattmann, Ingeborg Drewitz und Reinhard Baumgart Gespräche mit den Gewerkschaften aufgenommen, um einer von ihnen, der IG Druck und Papier, den VS zuzuführen.

Freilich, auch für die Anwälte des Gewerkschaftsanschlusses ist dies kein leichter Schritt. Nach zahlreichen Verhandlungen blieb immer noch ein Katalog von zwölf Fragen unbeantwortet, darunter solche wie: »Bejaht die Gewerkschaft die VS-Forderung nach zweiseitig zu vereinbarenden Musterverträgen mit Sendern und Verlagen einschließlich der Konsequenz daraus, nämlich der Forderung nach einem arbeitnehmerähnlichen Status mit Tarifrecht und Streikrecht?« Oder: »Unterstützen Sie im Fall des VS-Beitritts die Forderung der Autoren nach Mitbestimmung bei Verlagen und Sendern über Sitze im Rundfunkrat bzw. erweiterten Betriebsrat?« Oder: »Der VS strebt nach einer gewerkschaftlichen Lösung für alle in den kulturellen Bereichen und publizistischen Medien kreativ Tätigen und Mitwirkenden. Ist Ihre Organisation offen für die längerfristige Realisation einer Gewerkschaft Kultur?« (Gemeint ist etwa jenes Modell, das Martin Walser vor einem Jahr auf dem Stuttgarter Schriftsteller-Kongreß entwickelt hat.)

Erst jetzt, auf der Versammlung der 32 Schriftsteller-Delegierten in Berlin, von denen jeder hundert seiner Kollegen vertrat, gab es auf die meisten der noch offenen Fragen authentische Antwort: durch Leonhard Mahlein, den Bundesvorsitzenden der Druck und Papier, den kürzlich der 9. Ordentliche Gewerkschaftstag in Nürnberg ermächtigt hat, den Schriftstellern konkrete Zusagen zu machen. Falls der VS den Antrag auf Aufnahme stellt, ist der Erweiterte Vorstand der IG Druck und Papier bevollmächtigt, dem zuzustimmen, und zwar, wie es ausdrücklich heißt, »rasch und ohne umständliche Formalitäten«. Der Beschluß von Nürnberg schließt desgleichen die Bereitschaft ein, künftig »innerhalb des DGB eine Gewerkschaft der Kulturschaffenden und der publizistisch Tätigen zu bilden«. Realistisch erläuterte Mahlein: »Konkrete Macht werden Sie nur erlangen, wenn Sie sich einer Organisation eingliedern, die zugleich die Beschäftigten einer reproduzierenden Industrie umfaßt.« Im einzelnen sagte er den Autoren zu, die Struktur ihres Verbandes bleibe »weitgehend« erhalten, d. h. mit eigenem Bundesvorstand, Vorständen in den Landesbereichen und einer Geschäftsstelle beim Hauptvorstand für die spezifischen Schriftstellerbelange. Allerdings: der Einfluß der Autoren auf die Willensbildung der IG Druck und Papier werde allein durch die Stärke ihres gewerkschaftlichen Engagements bestimmt, denn Minderheitsrechte im Sinne einer automatischen Vertretung in den Spitzengremien der IG gebe es nicht. Auch sei bei der Bemessung des Beitrages für Schriftsteller, die bisher an ihre ständische Organisation nur einen relativ niedrigen Betrag zahlen, keine Sonderregelung möglich. Aber, so Mahlein: »Wir sagen Ihnen unsere gewerkschaftliche Solidarität zunächst als eine Vorleistung zu, um Ihnen nach innen und außen einen Start zu ermöglichen.« Und: »In Ihrem geistigen Schaffen sind Sie völlig frei.«

Als man in der Berliner Akademie der Künste nach langer Debatte, bei der auch gewichtigere Bedenken wieder zur Sprache kamen (der kleine »David« VS wurde vor dem »Goliath« Gewerkschaft ausdrücklich gewarnt!), eine Probeabstimmung unter den Delegierten durchführte, stimmte nur einer gegen den Anschluß, fünf enthielten sich der Stimme, 25 waren dafür. Freilich, diese Abstimmung hatte den Charakter lediglich eines Tests; über den Gewerkschaftsbeitritt entscheiden kann allein die für November 1972 in Hamburg einberufene Mitgliederversammlung, und auch sie nur mit Dreiviertel-Mehrheit, um von vornherein eine Spaltung des VS in zwei gleich starke Teile auszuklammern. Allerdings: Wenn die Gegner des Anschlusses ihre Argumente nicht überzeugender zu artikulieren wissen, könnte die Haltung der Delegierten sehr wohl symptomatisch gewesen sein.

Welt und Wort 1971, S. 622 f.

R.P. Bauer: Friedrich Märker, Federzeichnung

Buchhändler – Saalbesitzer – Kulturwirt in Schwabing
In memoriam Georg C. Steinicke

Der nachstehende Text wurde gesprochen bei der Enthüllung einer Gedenktafel für »Papa Steinicke«, die der Generaldirektor des Süddeutschen Verlags, Hans Dürrmeier, am Hause Adalbertstraße 15 anbringen ließ.

Der vielzitierte Satz »Männer machen Geschichte« mag fragwürdig sein. Seine Variante »Männer machen – und machten – Schwabing« ist sicherlich zutreffend. Natürlich hatten auch Frauen ihren Anteil daran – die Delvard, die Reventlow, Kathi Kobus, Marietta oder Mutti Bräu, und natürlich auch wäre ohne das Zutun von Frauen aus dem liebenswerten Stadtteil niemals der liebenswerte »Zustand« geworden, von dem die Wahnmochinger Gräfin sprach. Dennoch: Es waren Männer, die Schwabing prägten und ins Gespräch brachten, die ihm Anziehungsmagie gaben und es zu einem Mythos für die Nachgeborenen werden ließen. Es erübrigt sich, hier noch einmal jene Namen aufzuzählen, an die man denken muß, wenn man an Schwabing denkt. Es ist eine lange Reihe, die bis Peter Paul Althaus reicht und in die man eines Tages auch einen Mann miteinbeziehen wird, der niemals ein Schwabinger war und doch dazugehört – jedoch davon später.

Einer der Männer, die im erwähnten Sinne Schwabing »machten«, war Georg C. Steinicke – wie alle echten Schwabinger kein gebürtiger Münchner, sondern ein Berliner, dessen Familie allerdings aus der Freisinger Gegend, also aus Altbayern stammte. Der kleine, untersetzte, zur Rundlichkeit neigende und dennoch stets agile Mann war ein Haus- und Familienvater, wie er im Buche steht. Wer sich seiner zu erinnern vermag, hat ihn freilich als einen alten Mann im Gedächtnis, und dabei ist er nicht einmal so alt geworden, wie es heute die meisten von uns sind, die ihn noch persönlich gekannt haben, denn er stand erst im 62. Lebensjahr, als er am 28. Februar 1939 an den Verletzungen starb, die er sich bei einer Verdunkelungsübung auf der eigenen Kellertreppe zugezogen hatte – auch er also, wenn man so will, ein Opfer des Dritten Reiches, mit dem er nie auf gutem Fuße stand, denn Verdunkelung, so schrieb Hans Brandenburg später, »war Sache dieses dickköpfigen hellen Mannes nicht«.

Buchhandlung in der Lindwurmstraße

Wer ihn nur aus den Jahren nach 1933 kannte, als er bereits in seinem Klubheim schaltete und waltete, musste annehmen, er sei immer schon – vom Typ und vielleicht auch von der Mentalität her – Gastwirt gewesen. Indessen, er wurde dies allein aus dem tapferen Entschluß heraus, sich nicht unterkriegen zu lassen.

Von Haus aus war er Buchhändler, nicht nur ein gelernter, sondern auch einer mit Leidenschaft. Ohne diese wäre von ihm wohl kaum mehr zu vermelden, als dass er kurz nach der Jahrhundertwende in der Lindwurmstraße eine Fachbuchhandlung gründete, die noch heute unter dem Namen »Müller und Steinicke« besteht. Nein, Georg C. Steinicke wollte nicht nur Fachbücher verkaufen, er wollte durch das aktuelle Buch Einfluß auf seine Zeit nehmen, er wollte vor allem an der zeitgenössischen Literatur tätigen Anteil haben. So zog er vom Mediziner- ins Universitätsviertel, zog in Münchens »Quartier latin«, wo er an der Leopoldstraße mit Fritz Lehmkuhl abermals eine Buchhandlung ins Leben rief, die viele Literaten anzog. (Als dort 1944 eine Bombe das Firmenschild herabriß, kam an der Fassade der alte Name »Steinicke und Lehmkuhl« wieder zum Vorschein.)

Jedoch auch hier hielt es den Unternehmungslustigen nicht. Noch vor dem Ersten Weltkrieg erwarb er das Haus Adalbertstraße 15 mit zwei Schaufenstern und einer Toreinfahrt, und hier errichtete er nicht nur einen eigenen Buchladen ohne Kompagnon, sondern im Hof auch, um seine Kontakte zur Literatur auszubauen, einen kleinen Vortragssaal mit Bühne. Und dieser Vortragssaal ist es, mit dem er mehr noch als mit seiner Buchhandlung in Schwabings Geschichte einging, denn an nichts fehlten und fehlt es in München seit eh und je mehr als an kleinen Veranstaltungsräumen.

Mit seinem variablen »Steinicke-Saal« konnte der betriebsame Hausherr nun endlich nach Herzenslust Vortragsabende, Dichterlesungen, Theateraufführungen, Kammerkonzerte, Kabarettprogramme und nicht zuletzt Faschingsfeste veranstalten oder – gegen geringe Saalmiete – veranstalten lassen. Am 16. Dezember 1914, kurz nach Kriegsbeginn, stieg der erste Abend. Im Gästebuch, das erhalten blieb und von Lore Zimmermann-Steinicke wie ihr Augapfel gehütet wird, ist nachzulesen, dass die Reihe der Veranstaltungen von Lena Christ eingeleitet wurde, daß bereits im Februar 1915 Erich Mühsam und Thomas Mann sich als Gäste (vermutlich aber auch als vortragende Saalbenutzer) eintrugen. Und nun folgt alles, was damals in

München Rang und Namen hatte: Johannes R. Becher las ebenso bei Steinicke wie HannsJohst, dessen erstes expressionistisches Drama »Der junge Mensch« im Januar 1918 hier uraufgeführt wurde – und sein großer Lehrmeister Frank Wedekind saß im Publikum. Andere Namen: Klabund, Max Halbe, Theodor Däubler, Hermann Zilcher, Hans Carossa Ringelnatz, Heinrich Mann, Karl Voßler, Hans Pfitzner, Heinrich Lersch, der dichtende Kesselschmied vom Niederrhein. Karl Valentin und Liesl Karlstadt benutzten die kleine Bühne ebenso wie der berühmte Albert Steinrück vom Residenztheater, der hier sein Studio abhielt; Stücke von Florian Seidl, Wolfgang Petzet und K. K. Wolter erblickten hier ihr erstes und einziges Rampenlicht, als Willy Cronauer sich im »Schauspiel der Gegenwart« gleichzeitig als Theaterleiter, Dramaturg, Regisseur und Darsteller versuchte, Rudolf Schmitt-Sulzthal ließ im Mai 1933 seinen ersten Tukanabend über das Podium gehen, und jahrelang exerzierte am gleichen Ort Kapellmeister Hans Jörn mit angehenden Sängerinnen und Sängern gegen geringes Salär seine »Münchner Künstlerstunde«. Junge Dichter und Künstler waren damals nicht so gefragt und gefördert wie heute, es galt als wenig attraktiv, bloß jung, bloß Anfänger zu sein, und die Kritik nahm kaum je Notiz von all denen, die an ihrem ersten Roman oder Lyrikbändchen bastelten – einzig Papa Steinicke ließ sie gelten und öffnete ihnen seinen Saal.

Versteht man, was er demzufolge für das musische Schwabing bedeutete? Selbst Kutscher-Leute sind hier dankbar erstmals aufgetreten, beispielsweise Helmut Käutner, der hier 1929, lange bevor ihm die großen Filmateliers offenstanden, in der Titelrolle von Lessings »Jungem Gelehrten« agierte.

Indessen, es gab nicht nur künstlerische Veranstaltungen bei Steinicke, es gab auch kulturpolitische Vorträge, es gab Kabarett, an denen auch Hans Zimmermann, später technischer Direktor der Kammerspiele, seinen Anteil hatte, und es gab Faschingsabende. Steinicke nannte sie »Nachtwandlerfeste« und erregte damit einmal öffentliches Ärgernis mit Polizeiaufgebot, weil ein Außenstehender den Namen als »Nacktwandlerfest« mißverstand und prompt Anstoß daran nahm. Dabei waren die Feste so angesehen, daß sogar eine ehrwürdige Dame wie Ricarda Huch gern dabei war, und als sie einmal – es war am 17. Februar 1931 – wegen einer Sitzung der Preußischen Dichter-Akademie in Berlin sein mußte, da telegraphierte sie an Steinicke: »Viel lieber möcht' ich mich mit Ihnen amüsieren, als hier die Dichtkunst vizepräsidieren!«

Es gab ferner ausgelassene Gaudi. Beispielsweise Versteigerungen ausgemusterter Atelierbesitztümer: Alte Bücher, neue Radierungen, Schallplatten und sonstiges, das man lange genug besessen hatte, wechselte den Besitzer, und der podiumsgewandte Ernst Kammerer, der sich seit seinem Mitwirken an dem Vier-Nachrichter-Sketch »Hier irrt Goethe« nur noch »Meckermann« nannte (»Neckermann« gab es damals noch nicht), machte dabei den Auktionator. Einmal hatte er auch einen Blinddarm in Spiritus zu versteigern, den ein junger Mediziner nicht mehr auf seinem Schreibtisch haben wollte. Kammerer zeigte das Glas her, pries die Sehenswürdigkeit des Objekts und stieß es beim dritten Anpreisen – zum Ersten, zum Zweiten und zum Dritten! – so fest auf das Pult, daß es zerbrach und mit Glassplittern und Alkohol auch der Wurmfortsatz in den Saal spritzte. Geboten wurde nun nichts mehr, da der Zwischenfall in seiner Komik unüberbietbar war.

Als Ende der zwanziger, anfangs der dreißiger Jahre das Buchgeschäft immer magerer wurde, da machte unser Bücherfreund – was ihm nicht leichtgefallen sein dürfte – einen großen Ausverkauf, »Bücherschwemme« stand über dem Eingangstor, und alles wurde verramscht, die Klassiker und andere Ladenhüter (ich besitze noch eine Nietzsche-Ausgabe von damals) wurden verhökert, sogar die leeren Regale. Im Mai 1932 ging die Ära der Buchhandlung Steinicke zu Ende, im September des gleichen Jahres begann nach dem Umbau die des Klubheims Steinicke, das bis Februar 1941 bestand.

Als »Kulturwirt« populär

In diesen achteinhalb Jahren erst ist der Name Steinicke für Unzählige zum festen Begriff geworden. Nicht so sehr der Buchhändler war es, und auch nicht allein der Besitzer des Vortragssaals, sondern der »Kulturwirt«, wie Steinicke sich selbst verstand, wurde unter den Freunden Schwabings wahrhaft populär.

Ein »Klubheim« machte er deshalb, um nicht für jedermann dasein zu müssen, vor allem nicht für solche in braunen Uniformen, die damals mächtig ins Kraut schossen. Natürlich durfte man Gäste mitbringen, aber bei völlig Fremden konnte der Hausherr doch einen Riegel vorschieben. Es wäre nicht der Wahrheit entsprechend, wollte man nun von einer verschworenen Gemeinschaft sprechen, die sich bei Steinicke zusammengefunden hätte. Vielfach kannte man sich nur vom Ansehen, aber man wußte, der Hausherr war ein liberaler Mann, er hatte bis zum Beginn der Nazizeit als Demokrat einen Sitz im Münchner Stadtrat, und man durfte in seinen Räumen ein offenes Wort riskieren. Oskar Maria Graf allerdings nur bis 1933, dann mußte er ins Exil.

Bei Steinicke zu verkehren, sich bei Steinicke kennengelernt zu haben – das schuf fast voraussetzungslos ein besonderes Vertrauensverhältnis, das war ähnlich wie wenn man zum Kreise Artur Kutschers gehört hatte, und erst recht im nachhinein, als es dies alles nicht mehr gab, den Kutscherkreis nicht und das Klubheim Steinicke nicht – und man sich irgendwo wieder traf, dann hieß es: Mensch, wir kennen uns doch von Kutscher oder von Steinicke, und die Stimmen erhoben sich und die Augen leuchteten – wie München längst nicht mehr ...

Das Klubheim selbst – »eine beliebte nächtliche Höhle künstlerischer und intellektueller Jugend« nannte es einer – bot wenig Komfort, aber es hatte Atmosphäre. Es gab Nischen, durch halbhohe hölzerne Trennwände gegeneinander abgesetzt, auf den nackten Tischplatten brannten bisweilen Kerzen, die Stühle, Hocker und Armsessel zeigten Binsengeflecht – eine rustikale Note also, und betreut wurde man wie auf einer Alm von der ganzen Familie, die wacker mittat, wie sie vordem im Buchgeschäft mitgetan hatte: Vater, Mutter und die beiden hübschen Töchter Gerdi und Lore, die freilich auch eine Bedienung zur Seite hatten. Sie alle waren Gesprächen nicht abgeneigt, sie hockten oft mit in der Runde, wo man sich zwanglos traf – man hatte damals mehr Zeit als heute! – und Papa Steinicke ließ es sich oft nicht nehmen, plötzlich und unvermittelt ein Gedicht von Gottfried Keller zu sprechen, wohlgemerkt, nicht etwa stehend oder gar von einem Podium herab, sondern einfach so am Klubtisch, er sprach die Verse schlicht und eindringlich, und wenn er fertig war, blickte er die oder auch nur den einen Zuhörer, den er vertraulich ausgewählt hatte, erwartungsvoll durch seine runden Brillengläser an und wollte von ihm bestätigt haben, wie schön diese Verse seien, oder er wollte sein Gegenüber abtasten, ob auch diesem ein Ohr für das Lyrische eigen sei, das er, der clevere Geschäftsmann, so sehr liebte.

Währenddessen wurde ringsum weiter serviert – Schoppenweine zwischen 35 Pfennig und 1,10 Mark, Kaffee oder eine der wenigen Speisen, die seine Karte anbot: Wiener Würstl mit Kartoffelsalat oder eine Gulaschsuppe für je ein Fuffzigerl, Pfälzer für sechs Zehnerl oder als teuerstes Gericht: Nudelsuppe mit Huhn. Sie kostete 75 Pfennig.

Nach dem Unfalltod Georg C. Steinickes führten die drei Frauen das Klubheim noch genau zwei Jahre weiter, dann schickten sie – im

Februar 1941, als der Krieg schon recht spürbar geworden war, als die Bewirtung spärlicher und der Kreis der Freunde und Gäste, die Soldat werden mußten, immer größer wurde, einen Rundbrief an ihr Stammpublikum:
»Wir mögen nimmer und schließen für immer. Mutter Steinicke und Töchter.«
Sie verkauften das Haus mitsamt dem Saal an eine Großparfümerie, die alles für ihre Zwecke umgestaltete. 1944 wurde das Haus von einer Bombe weitgehend zerstört. Der heutige Neubau erinnert in nichts mehr an das alte Steinicke-Haus.
Männer machten und machen Schwabing, sagte ich zu Anfang. Georg Steinicke war einer von ihnen, und Hans Dürrmeier ist einer von ihnen – ihm haben wir es zuzuschreiben, daß die Erinnerung an Papa Steinicke nicht nur in uns, seinen einstigen Kunden, Saalbesuchern und Payingguests, lebendig bleibt, sondern hinfort auch durch eine Bronzetafel an der Stätte seines langjährigen erfolgreichen Wirkens.
Eines fernen Tages wird irgendwo in Schwabing – dessen dürfen wir sicher sein – eine Bronzetafel auch mit dem Namen »Papa Dürrmeier« enthüllt werden und den Nachgeborenen das Mäzenatentum dieses Mannes rühmen, der die Schwabinger Kunstpreise, die Schwabinger Woche und Schwabinger Gedenkstätten gefördert hat; eines Mannes – damit komme ich auf meine Andeutung vom Anfang zurück –, der niemals selber ein Schwabinger war und doch dazugehört!

Münchner Stadtanzeiger 54 vom 7. Juli 1972, S. 10f.

Sie ist Schwabings letzte Bohemienne
Maria Kirndörfer, genannt Marietta,
wird heute achtzig Jahre alt

Ob das kein richtiger Roman ist? Halbwüchsig kam sie aus dem Niederbayerischen ins prinzregentliche München, begann schlicht und bescheiden als Biermadl, las im stillen Kämmerlein zeitgenössische Verse, lernte solche von Morgenstern auswendig, wagte sich in den »Simplicissimus« der Kathi Kobus, trat dort, wo sich junge Talente für das Brettl damals die Feuertaufe holten, erstmals als Diseuse auf, fand Gefallen an diesem neuen Metier, das die Delvard groß gemacht hatte, pflegte ihr Können autodidaktisch weiter, gewann im Simpl die Freundschaft des jungen Lyrikers Klabund, der noch im gleichen Jahr, 1914, eine kleine Schwabinger Liebesgeschichte nach ihr benannte, wich auch hinfort keinem sich bietenden Abenteuer aus, auch nicht in der Zeit der Räterepublik, wo sie, wenn man ihr glauben darf, Kultusminister hätte werden sollen, gelangte während der Inflation durch einen valutastarken Holländer in den Besitz einer Villa in Nymphenburg, tingelte weiter, lebte bald in Paris, bald wieder in Schwabing, war 1947 dabei, als Gustl Weigert und Peter Paul Althaus die »Schwabinger Laterne« über neuer Kleinkunst leuchten ließen, zuerst in der »Seerose«, dann im »Pfälzer Hof« der Mutti Bräu, tat wacker mit, als später die Schwabinger Woche amtlich verordnet wurde, ließ sich 1962 mit einem Kunstpreis feiern und steht heute, an ihrem achtzigsten Geburtstag, wieder einmal mit Bild in der Zeitung!

Sie ist schon ein rechtes Unikum, diese Maria Kirndörfer, genannt und bekannt nur als »Marietta« – noch immer ein kleines, temperamentvolles Persönchen, wuschelköpfig, vorlaut, wenn andere vortragen, gschamig, wenn sie selbst das Podium betritt, und kaum wieder zu bremsen, wenn sie erst einmal angefangen hat: mit Gedichten von Ringelnatz, Endrikat, Klotz, Althaus, Erich Mühsam, dessen »Revoluzzer« ihr besonders liegt, oder auch mit der köstlich konfusen Ganghofer-Parodie, die sie sich selbst für ihr Repertoire ausgedacht hat.

Ihr Vortragsstil ist unverwechselbar und, wenn man so will, zeitlos, denn auch die Jugend von heute, die während der Schwabinger Woche das Theater an der Leopoldstraße zu füllen pflegt, läßt sie, die Seniorin, begeistert gelten. Sie deklamiert keineswegs melodisch, sie spricht mit rauher Stimme, auch im Piano, eigenwillig die Texte zerhackend und akzentuierend, wobei ihr die flügelhaft auf und ab bewegten Arme helfen müssen. »Ich rezitiere lyrische Anthologie«, hat sie einmal von sich selbst gedichtet. »Nachts tanze und schreie ich durch die Straßen.«

Um sie ist noch das Flair des alten, des ganz alten Schwabing, zu dem Künstler wie Halbe und Wedekind, Johannes R. Becher, Hugo Ball und Lorschelmann gehört haben, die sie alle noch gekannt hat. Im erwähnten kleinen Roman »Marietta« ließ Klabund, der sie »hübsch, aber schlampig« nannte, sie von sich selbst in einem Monolog sagen: »Bin funkelndes Feuer. Und sehr viel Rauch.« Wer nicht glaubt, daß dies auch heute noch von ihr gilt, kann es nachprüfen, wenn sie morgen abend wieder einmal in der »Katakombe« auftritt und gefeiert wird – sie, Schwabings letzte Bohemienne.

Süddeutsche Zeitung 61 vom 14. März 1973, S. 15

Marietta di Monaco, Federzeichnung

AN OSKAR MARIA GRAFS SEITE IN DEN USA

Frau Gisela Graf, Doktor der Jurisprudenz, hält sich derzeit in München auf, um für das schriftstellerische Werk ihres 1967 verstorbenen Mannes Oskar Maria Graf, der heute achtzig Jahre alt geworden wäre, zu tun, was ihr möglich ist. Manches hat sie erreicht, vieles bleibt noch zu tun.

Als sie Graf 1941 in New York kennenlernte, hatte auch sie eine Odyssee hinter sich. Als Tochter polnischer Eltern in Leipzig geboren, war sie in der Tradition des orthodoxen Judentums so streng erzogen worden, daß sie bei ihrer Promotion den auf den Sabbat fallenden Teil der Prüfung nicht mitmachen durfte. Trotzdem bestand sie 1934 an der Heimatuniversität, konnte aber im studierten Beruf nicht mehr tätig werden, da bald auch Juden von nichtdeutscher Staatsangehörigkeit verfolgt wurden. Verwandte ermöglichten ihr, sich zunächst nach Holland, dann nach Belgien und nach Palästina abzusetzen, wo sie endlich 1941 ein Einreisevisum für die USA erhielt. Bis Singapur gelangte sie mit dem Flugzeug, nach Amerika auf einem Frachtdampfer nach sechswöchiger Fahrt. Sie arbeitete in einer Fabrik, in einem Büro, in einer Bibliothek, zuletzt bei der UNO.

An Oskar Maria Grafs Stammtisch kam sie durch ihren älteren Bruder, der in New York eine kleine Fabrik für Reißverschlußreparaturen eingerichtet hatte. Am Stammtisch lernte sie auch Mirjam Graf (1890–1959) kennen – »eine wunderbare Frau, die sehr wichtig in Oskars Leben war«. Zwei Jahre nach Mirjams Tod wurde sie Grafs dritte Frau und lebt noch heute in der kleinen Wohnung in der Hillside Avenue im Norden Manhattans, die Oskar Maria Graf mit Mirjam vor dreizehn Jahren bezogen hatte.

An der einen Wand seines Arbeitszimmers, in dem er auch schlief, hängen immer noch Bilder der Menschen, die er verehrt hat: seine Mutter, Goethe, Lincoln, Thomas Mann (mit Widmung), Masaryk und gegenüber Ludwig II. von Bayern, Tolstoi und Lenin. Über dem Schreibtisch: ein bayerisches Wappen. Die Möbel der kleinen Küche hat Graf selbst geschreinert und bemalt – weißblau mit Blumenabziehbildchen. Handwerklich zu arbeiten war sein Hobby, wenn er nicht schrieb. Einer der drei Schränke in der Zwei-Zimmer-Wohnung ist voll von Werkzeug. Das wollte der Bäckerssohn im Exil stets zur Hand haben. Eigenhändig gebastelt hat er auch das Emblem für den »Oskar-Maria-Graf-Stammtisch«, der allerdings in den letzten Jahren das Lokal hat wechseln müssen. Und natürlich gibt es auch einen Bierkrug, in dessen Boden beim Trinken ein durchsichtiges Bild des Märchenkönigs erscheint.

Arbeiten konnte Graf nur, wenn in seinem Zimmer alles in Ordnung, jedes Ding an seinem Platz war. Wenn ihm, der wegen zweier lahmer Finger nicht mehr mit dem Federhalter, sondern nur auf der Maschine schreiben konnte, ein Tippfehler unterlief, nahm er das Blatt heraus und begann von neuem. Er arbeitete ohne Notizen, trug seine Stoffe lang im Kopf herum, erprobte sie aber durch mündliches Erzählen am Küchentisch. Auch Gedichte sprach er gern, die ersten hatte er einst als Bub auswendig gelernt, beim Brotaustragen in Berg. Lyrik bedeutete ihm viel. Ohne sie, meint Frau Gisela, die er selbst meistens Gisa nannte, hätte er seine harte Jugend und das Exil nicht mit so wenig Schaden überstanden. Er hatte zuletzt sogar daran gedacht, eine Anthologie mit seinen Lieblingsgedichten, die er in ein kleines Heftchen in Taschenformat einklebte, herauszugeben.

Zu seinen Freuden zählten kleine Feste in der Küche, für die er selber bayerische Schmankerl, jedoch niemals Steaks zubereitete, und improvisierte Fahrten in New Yorks Umgebung mit einem alten Auto, das Frau Gisela steuerte. »Im Zusammenleben war er«, bekennt sie spontan, »der rücksichtsvollste, anspruchsloseste Mann, der sich denken läßt.«

Süddeutsche Zeitung 166 vom 22. Juli 1974, S. 13

PPA – Mythos und Gewissen Schwabings
Vor zehn Jahren starb der Traumstadt-Dichter
Peter Paul Althaus

Mit dem Tod war er jahrelang auf vertrautem Fuß gestanden. Er hatte sich von den Münchner Stadtvätern auf dem Nordfriedhof ein »kommodes« Ehrengrab schenken lassen und die Inschrift für seinen Grabstein entworfen, aber der Tod vergönnte dem ergreifend schwach und gebrechlich gewordenen Poeten immer wieder eine Gnadenfrist. In der Nacht zum 16. September 1965 war es dann doch soweit – Peter Paul Althaus zog sich für immer von Schwabing zurück, für das er so etwas wie Mythos und Gewissen geworden war.

Gern hat man ihn einen letzten Schwabinger genannt. Aber PPA, der mehr als vierzig Jahre unter den Dächern hinter dem Siegestor gelebt hat, war mit Schwabing immer weniger zufrieden gewesen. Zornig wandelte er den bekannten Ausspruch der Gräfin Reventlow ab: »Schwabing ist kein Zustand, Schwabing – das sind Zustände.« Und er, der westfälische Spökenkieker, der am 28. Juli 1892 in Münster zur Welt und 1922 nach München gekommen war, erdichtete sich eine Gegenwelt: die Traumstadt. Gestorben ist er zwar in seinem Schwabinger Heim, 117 Treppenstufen über dem allzeit belebten Boulevard, den er viele Jahre nicht mehr betreten hatte und auch nicht mehr hatte betreten können, gelebt aber hat er immer intensiver in einer imaginären und unrealen Welt, eben in seiner »Traumstadt«, der er nicht nur ein Gedichtbuch widmete, sondern in der er auch das höchste Amt versah: das des »Bürgermeisters«, und als solcher verlieh er Ehrenzeichen wie die Silberne Seerose und Urkunden – Produkte einer skurrilen Phantasie. Und jeder, den er damit bedachte, machte das geistreiche Spiel mit und war sogar stolz darauf, ein Würdenträger von PPA's Gnaden zu sein. Selbst Münchens damaliger Oberbürgermeister Hans-Jochen Vogel, der viel Sinn für dieses alte Schwabing hatte, redete den Boß der Traumstadt mit »Kollege« an und rühmte ihm nach, er, der einfallsreiche Dachstubenpoet, habe mit seiner Traumstadt München einen neuen Stadtteil »eingemeindet«.

In der Tat, je älter er geworden war – und er hat es trotz allem auf gut 73 Jahre gebracht –, um so verspielter war er geworden. Er spielte mit seinen Katzen, die bis zuletzt um ihn waren, mit Flöten, mit dem Tonband, das ihm immer wieder »Botschaften« an seine Freunde ermöglichte, vor allem aber spielte er mit Worten – in seinen Versen wie in den bereits erwähnten Traumstadt-Urkunden. »Sonderbarerweise kommt in dies Spielen immer wieder ›von selbst‹ ein tieferer Sinn«, meinte er einmal. »Ich bin dann stets erstaunt. Staunen können muß wohl eine Voraussetzung für künstlerisches Schaffen sein.«

Indessen, man würde ihm nicht gerecht, sähe man ihn nur unter dem Aspekt seiner letzten Jahre, unter dem der Matratzengruft, die ihn beinahe ebenso lange festgehalten hat wie einst Heinrich Heine. Vordem nämlich hatte er ein gar nicht so unbewegtes Leben geführt. »Ich war«, so ist in einer autobiographischen Skizze über die Stationen seines Lebens zu lesen, »nacheinander (zuweilen miteinander): Säugling, Kind, Schüler, Gymnasiast, Apothekereleve, Soldat, stud. phil., Pressereferent, Schmierenschauspieler, Herausgeber zweier Zeitschriften, Theaterdramaturg, Übersetzer, freier Schriftsteller, Kabarettist, Rundfunkautor, Ehemann, Rundfunkdramaturg, Soldat, Lektor, freier Schriftsteller.« Daß er im Ersten Weltkrieg Leutnant und im Zweiten sogar Hauptmann war, will für viele ebensowenig in das Bild von PPA passen, wie, daß er als Anreger stets viel Aktivität und als Autor viel Fleiß entfaltet hat.

Zu seinen Hobbys gehörte seit eh und je das Kabarett, er rief 1930, nachdem er vorher bei Kathi Kobus im alten »Simplicissimus« aufgetreten war, den »Zwiebelfisch« ins Leben, 1947 die »Schwabinger Laterne« und ein Jahr darauf das »Monopteros«, das es zu etlichem Ansehen brachte. Er übersetzte mystische Lyrik aus dem indischen Mittelalter, Voltaires »Geschichte Karls des XII.«, altrussische Kirchenlieder und Texte aus dem Englischen. Molières »Tartuffe« übertrug er erstmals im Originalversmaß. Er verfaßte Bühnenstücke, von denen eines in Köln uraufgeführt wurde, er gab »Das Lalebuch« neu heraus, desgleichen einige Anthologien, er schrieb zahllose Rundfunksendungen, bei denen er meistens selber vor dem Mikrophon gestanden hat, und schließlich, in den letzten anderthalb Jahrzehnten seines Lebens, nicht weniger als sechs Gedichtbücher, von denen das letzte posthum erschien. Es sind dies die poetische »Traumstadt« von 1951, die vergnüglichen Verse um »Dr. Enzian«, dessen Name ebenso wie der seiner Kollegen Dr. Korn und Dr. Kümmel nicht von ungefähr alkoholische Assoziationen weckt; die anmutigen »Flower Tales«, in denen er Blumen über ihre wie auch über menschliche Schicksale monologisieren ließ; die »Seelenwandertouren«, »Wir sanften Irren«, zu denen er sich unbekümmert selber zählte, und schließlich aus dem Nachlaß »PPA läßt nochmals grüßen«.

So erfreulich und berechtigt es ist, daß Schwabing seinen Peter Paul Althaus nicht in Vergessenheit geraten ließ – an dem Hause in der Trautenwolfstraße, in dem er viele Jahre gelebt hat, erinnert eine Gedächtnistafel an ihn, eine Nebenstraße der Osterwaldstraße erhielt seinen Namen und in der Galerie Oswald Maluras hält die von PPA initiierte »Traumstadt« unter Rolf Flügel immer noch zweimal im Jahre ihre musischen Bürgerversammlungen ab – noch notwendiger und sinnvoller ist es, daß sein dichterisches Werk, daß die genannten sechs Bändchen zugänglich bleiben und weitere Verbreitung finden. Das war in den letzten Jahren nur noch begrenzt der Fall. Jetzt aber hat der Süddeutsche Verlag PPA's Versbändchen zur zehnten Wiederkehr seines Todestages neu herausgebracht – erstmals alle sechs in einem nobel ausgestatteten Sammelband, der 19,80 Mark kostet, also preiswerter ist, als es die Einzelbändchen je gewesen sind.

Der Band, dem Rolf Flügel ein ebenso locker gefügtes wie substantielles, also angemessenes Vorwort mitgab, überrascht auf jeder Seite mit meist heiteren Wunderblüten der Althausschen Phantasie.

R.P. Bauer: Peter Paul Althaus, Federzeichnung

»Was nur Leidende und Sterbende erahnen im geheimen, / plauderten hier Götter lächelnd aus in leichten Reimen«, heißt es in einem Traumstadtgedicht über geträumte Poesie. Dieses ständige Hinübergleiten zwischen hell und dunkel, heiter und ernst, wirklich und unwirklich, schwer und schwebend gibt den Versen ihren unverwechselbaren Reiz, rückt viele von ihnen in die Nähe bester surrealistischer Graphik, läßt sie also zeitnäher, moderner erscheinen als etwa die Verse Morgensterns – von dem er freilich gelernt hat, ohne ihn nachzuahmen; auch nicht in den Gedichten um »Dr. Enzian«, der Lachtauben mit Weintrauben füttert, der in seinem Zimmer unter Gewimmer »Lügen straft«, der aus Elefanten wieder Mücken macht, der Händedrücke von berühmten Männern sammelt, der manchmal »ein wenig Zeit« in eine Kassette tut (»Anatol, sein Diener, der die Zeit verschwendet, / hat schon öfter aus dem Kästchen was entwendet«) und Dutzende solcher Wortklaubereien à la Valentin anpeilt, die zu skurrilen Miniaturszenen oder Genrebildchen voll tieferer Bedeutung ausgestaltet werden. Viele der »Dr. Enzian«-Gedichte, der »Flower Tales« und der ebenfalls in Monologform gehaltenen Irren-Gedichte sind auf die Pointe hin geschrieben, also durchaus zum Vortrag, etwa auf dem Brettl, geeignet, aber sie geben mehr als nur Pointen, diese geistvollen Eulenspiegeleien geben dazu Vorgänge, Meditationen, Atmosphäre, und sie verwirklichen hohe, nicht selten virtuos gemeisterte Reim- und Sprachkunst von Mozartscher Heiterkeit.

Eines seiner schönsten Gedichte beginnt mit den Zeilen: »In der Traumstadt ist ein Lächeln stehn geblieben; niemand weiß, wem es gehört.« Doch wem es zu verdanken ist, wissen wir. Es wird auch in Schwabing lange noch steh'n bleiben.

Münchner Stadtanzeiger 73 vom 12. September 1975, S. 5

ALBERT BIRKLE, ZEICHNENDER CHRONIST SEINER ZEIT

Zum drittenmal gewährt Dr. Richard Hiepe in seiner »Neuen Münchner Galerie« (Kaulbachstraße 75) Einblick in das Schaffen von Albert Birkle. Nach den Ausstellungen »Werke 1921– 933« und »Neue Bilder aus dem Frühwerk« nunmehr also (bis zum 1. Oktober) »Das zeichnerische Werk 1921–1978«, dazu Entwürfe für Glasfenster und etliche Arbeiten aus den vorausgegangenen Präsentationen. Birkle, 1900 in Berlin geboren, ab 1921 Mitglied der Berliner Secession, seit 1933 in Salzburg ansässig, bald darauf bis 1945 als »entartet« verfemt, seit 1950 vorwiegend als Gestalter von Glasfenstern tätig, hat sich vor allem in seinem graphischen Werk als Chronist seiner unguten Zeit verstanden. Die Begegnung mit diesem profilierten Künstler, der in der Nachbarschaft von Otto Dix und George Grosz zu sehen ist, kommt einer Neuentdeckung gleich. Betont expressionistisch in seinen Anfängen, demonstriert er Zeitkritik in seinen Darstellungen von Vorstadtstraßen und Bahnhöfen zu Beginn der zwanziger Jahre, als die Welt aus den Fugen war und das Elend der Erniedrigten und Beleidigten einen bitteren Kontrapunkt bildete zum Wohlstand der Raffkes und Kriegsgewinnler, wie sie Grosz dekuvriert hat. Damals schuf Birkle auch eine Reihe von Porträts – grotesk überzeichnet und doch faszinierend in ihrem Ausdruck, nach der Terminologie der Nazis »Untermenschen«, in Wahrheit dumpf und traurig mit großen Augen dreinblickende menschliche Kreaturen, deren intensive Darstellung sich einprägt: so »Herr Spindler mit Zylinder«, so der »Bruder Tier«, der »Schauspieler« oder auch »Der Literat«. Hiepe erinnert im Katalog zu Recht an Grünewald oder Greco, die »auf die giftige Farbigkeit, die flackerlichtigen Stimmungen« bei Birkle eingewirkt haben, und er hebt bei ihm auch die charakteristischen kubischen Brechungen und gotischen Linienschwünge des »Sturm«-Expressionismus und der »Aktions«-Künstler hervor. Wenn Birkle, der bei der Vernissage anwesend sein konnte, in den letzten Jahren den makabren Zyklus »De profundis« zeichnete, so beweist dies, daß er der apokalyptischen Weltsicht seiner Jugend nahegeblieben ist.

Münchner Stadtanzeiger 70 vom 15. September 1978, S. 6

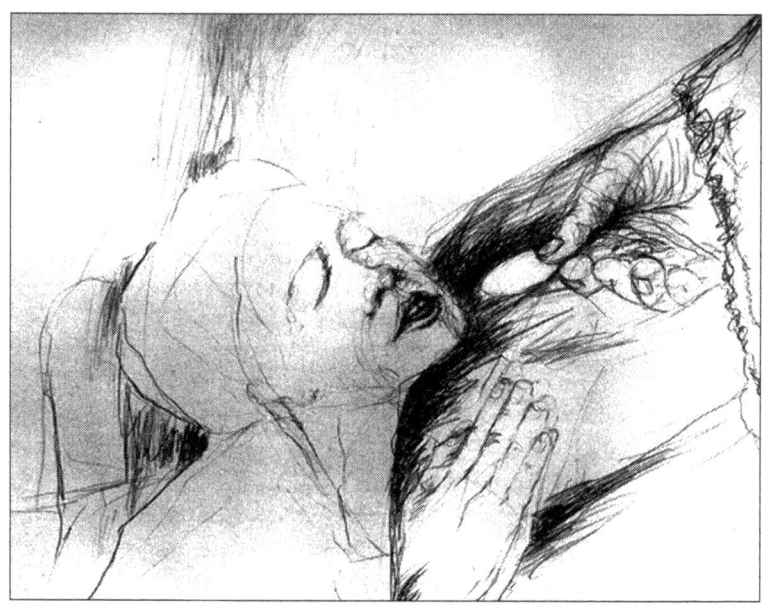

Charlotte Dietrich: Begegnung mit Gott, Zeichnung

CHARLOTTE DIETRICH IN DER »CASETTA«

In der »Casetta« (Herzogstraße 57) zeigt Charlotte Dietrich bis zum 27. März (werktags 16 bis 18, sonntags 11 bis 13 Uhr) *Monotypien und Zeichnungen*. Die gebürtige Schlierseerin, die einer Künstlerfamilie entstammt und seit 1966 in München eine eigene Kunstschule (Fach: Gebrauchsgraphik) leitet, gehört keineswegs in die Kategorie der »malenden Damen«. Sie befragt mit kritisch prüfendem Blick die Dinge wie sich selbst – fünfmal setzte sie an, um eine Skizze von sich zu Papier zu bringen. Da ist viel Ernst im Spiel, Skepsis, sogar Überdruß und selbstverständlich Können. Auch ihre Landschaften (Ultental, Alter Hafen) zielen nicht gerade aufs Gefällige, sie sind herb – wie auch einige Aktzeichnungen. Charlotte Dietrich sucht elementare Bergwelt, auch im Süden. Sie sei eine große Wanderin, sagte die Galeristin Annemarie Hesse bei der Vernissage und fügte treffend hinzu: »In gewissen Bildern scheint mir das Wandern, die Bewegung in die Darstellung einzugehen – das Durchschrittene weicht zurück und das Zuerobernde rückt heran«.

Münchner Stadtanzeiger 21 vom 14. März 1980, S. 6

Artur-Kutscher-Brunnen, Foto: G. Gerstenberg

Fünfzig Jahre »Tukankreis«
Ein Spiegel der Literatur in München

Schwabing in der Zeit um 1930: Kein irgendwie attraktiver, kein überlaufener Stadtteil, aber doch einer, in dem manches Haus im obersten Stockwerk aus großen Atelierfenstern nach Norden blickte, und in dem es Lokale gab, in deren Nebenzimmern sich Literaten für lange Abende zusammenfanden, um sich und anderen ihre Manuskripte vorzulesen. Das geschah im Café Universität, im Café Stefanie oder in der Universitätsreitschule an der Königinstraße. Man nannte sich »Die Gegenwart« oder »Zeitlupe« oder »Die Barke«. Es war eine karge, schmalspurige Zeit für bildende Künstler, aber auch für angehende Schriftsteller, obschon im Rathaus ein verständnisvoller Mann saß, der Bibliotheksdirektor Hans Ludwig Held, bloß daß es für ihn leichter war, ein offenes Ohr zu haben als auch eine offene Hand.

Einer der jungen Literaten, die in den genannten Zirkeln verkehrten, war Rudolf Schmitt aus dem fränkischen Sulzthal, Sohn eines Kirchenmalers. Damals 26 Jahre alt, lebte er noch bei seiner Mutter in Neuhausen. In Herwarth Waldens »Sturm«, der führenden expressionistischen Zeitschrift, hatte er bereits ein paar Gedichte veröffentlicht, das war immerhin etwas. Der junge Mann dichtete weiter und trug eine Sammlung sehr stiller lyrischer Verse mit sich, die er unter dem Titel »Wege am Abend« herausbringen wollte. Das Titelgedicht lautete so:

Am Abend sind die Wälder eingelauscht,
vergessen gehn die Wege in das Land,
vom Duft der dunklen Wiesen sanft berauscht.
Es ist ein ruhlos Wandern in der Nacht
nach einer Stille, die noch niemand fand,
und die vielleicht im Traum der Sterne wacht.

Als sich kein Verleger, dafür finden wollte, kam unser Lyriker auf einen guten Einfall: Er plante, selber einen Verlag zu gründen. Das hatten ausgerechnet in München andere lange vor ihm auch getan: Georg Müller, Albert Langen, Reinhard Piper. Bloß: Sie hatten viel oder doch einiges Geld, Rudolf Schmitt hatte keines. Es reichte bei ihm nur für Zigaretten und für Kaffee im Stefanie, wo er mit Leidenschaft unermüdlich Schach spielte – im Dunstkreis von älteren Literaten, die bereits einen Namen hatten. Die geplante Verlagsgründung wurde im alten »Simpl« mit Gleichgesinnten beschlossen. Einer von ihnen schlug den Namen des exotischen Pfefferfressers »Tukan« vor. Das klang gut und geheimnisvoll-ungewohnt, wie beispielsweise bereits »Delphin-Verlag«. Rudolf Schmitt, der seinem Familiennamen den seines Geburtsorts Sulzthal anfügte, ging zum Münchner Gewerbeamt und ließ unter dem Datum 13. März 1930 seinen »Tukan-Verlag« ins Handelsregister eintragen. Weil sein Stammkapital kleiner war als ein einziges Monatsgehalt einer Stenotypistin, druckte er angenommene Manuskripte erst, wenn die Verfasser genügend Subskribenten beigebracht hatten, die ihm die Unkosten (und ein bisserl mehr) garantierten. Das reichte dann für schmale Bändchen mit geringer Auflage. Was allmählich zustande kam, war ein kleiner Selbsthilfe-Verlag, den man heute »Minipresse« nennt. Selbstredend kündigte der Verleger von Anfang an sein eigenes Bändchen »Wege am Abend« an, aber es erschien nicht – das Sammeln von Subskribenten machte ihm zuviel Mühe.

Da kam er auf eine noch bessere Idee: Leichter als Autoren zu drucken war es, sie »aus eigenen Werken« vorlesen zu lassen. So machte er aus dem Tukan-Verlag, der es auf insgesamt fünf Dutzend solcher Bändchen brachte, den Tukankreis. Im Juni 1933 fand der erste Vorleseabend statt im kleinen legendären Saal der Buchhandlung Steinicke an der Adalbertstraße. Am Vortragspult: Hans Brandenburg, Ludwig Friedrich Barthel und Fritz Dietrich aus Dresden. Die Presse schrieb: »Die Gründung dieser neuen Vereinigung für zeitgenössische deutsche Dichtung, die sich aus den Autoren des Tukan-Verlags zusammensetzt, geschah aus dem Bedürfnis, der Arbeit dieses jungen, zielbewußten Münchner Verlags einen noch engeren Kontakt mit der Öffentlichkeit zu schaffen, als er bisher schon gewonnen werden konnte.«

Ein Kreis von Interessenten begann sich um Schmitt-Sulzthal zu sammeln, vorwiegend von solchen, die selber einmal »drankommen« wollten, und sie folgten ihm auch, als er bald schon von Schwabing in ein Lokal der Innenstadt ausweichen mußte: in den Frühstückssaal des Hotels »Königshof«. Josef Ponten, Stefan Andres, W. E. Süskind, Georg Schwarz, Alfons von Czibulka, Oskar Jancke und Wolfgang Petzet gehörten zu denen, die damals zu Wort kamen und später mit dem Prädikat »Alttukane« gekennzeichnet wurden.

Einige von ihnen waren jedoch für die NS-Reichsschrifttumskammer suspekt, und ihretwegen wurde schon 1937 »Der Tukankreis« verboten, nach nur vierjähriger Tätigkeit. Diejenigen, die dazu gehörten, und den Kontakt untereinander nicht verlieren wollten, fanden sich an einem Stammtisch in Schwabing zusammen – bis der Ausbruch des Krieges auch diese Runde sprengte.

Neubeginn der Vorleseabende

Erst 1950 ging es weiter mit dem Tukanieren. Damals, als Georg Schwarz den ersten Nachkriegs-Literaturpreis der Stadt München erhielt, lud Schmitt-Sulzthal, der seine »Wege am Abend« 1947 endlich in einem anderen Verlag herausgebracht hatte, zum Neubeginn seiner Vorleseabende ins wieder aufgebaute Café Stefanie. Der Genius loci schien in Ordnung, bloß wurde das Lokal allzubald in ein China-Restaurant umgewandelt und Schmitt-Sulzthal suchte und fand ein neues Quartier im Café Freilinger an der Leopoldstraße. Hier, wo heute eine Gedenktafel mit Relief-Porträt an ihn und die Jahre 1951 bis 1958 erinnert, nahm Schmitt-Sulzthals Lesezirkel erst seinen rechten Aufschwung.

Das »Freilinger«, ein nur mittelprächtiges Etagencafé, hatte vordem mit Literatur nichts zu tun gehabt. An den Wänden prangten langweilig große Landschaftsgemälde, im Inneren nahmen deckentragende Pfeiler manchem Platz die Sicht. Am Eingang oben postierte der »Obertukan«, wie er sich als Leiter und Veranstalter der Abende nun nannte, seine Schwester oder eine seiner Freundinnen, die einen kleinen Obolus kassierten. Das Lesepult, ein Tischchen mit weißer Decke, stand gegenüber vor der Fensterwand, der Vortragende saß also mit dem Rücken zur Straße, und wenn, was häufig geschah, das Mikrophon ausfiel, hörte man von draußen zwischen Versen und Prosa das Hupen der Autos, das Klingeln der Tram. Außerdem unterließen es die Ober nie, mit dem Kaffeegeschirr zu klappern. Desungeachtet blieb man knapp sieben Jahre in diesem etwas abgestandenen, spätbürgerlichen Lokal, und erst als der Cafétier Pleite machte und die Tukanier in Schwabing keinen neuen Raum mehr fanden, in dem sie ohne Miete, bloß gegen die schmale Zeche der Gäste tagen konnten – da erst begann sich die »Freilingerzeit« im Rückblick zu verklären. Dies, so wollten viele Tukanier glauben, seien die guten, die interessanten Jahre des Kreises gewesen. Und sie waren es wohl auch in der Tat.

Das Besondere: Angesehene Vertreter der Literatur noch der

zwanziger Jahre, deren Präsenz das Dritte Reich zwölf Jahre hindurch unterbunden hatte, berühmte Autoren, die jeder kannte, aber kaum je hatte sehen und hören können – sie traten ans Vortragspult des Tukan: Max Brod und Leonhard Frank, Hermann Kesten und Erich Kästner, Franz Theodor Czokor und Wilhelm Herzog, Hans J. Rehfisch und Ben-Gavriêl, Günter Weisenborn und Richard Friedenthal, Alfred Neumann und Heinrich Eduard Jacob, Johannes Urzidil und Walter Meckauer – lauter Autoren, die irgendwo in der Welt überlebt hatten und nun erstmals in München aus ihren Büchern oder neuen Manuskripten lasen.

Das waren wenn nicht Erst-, so doch Wiederbegegnungen, die von den Hörern durchaus als attraktiv gewertet wurden. Dazu kamen jüngere, die erst nach dem Kriege zu schreiben begannen: die Aichinger, die Rinser, Amery und Kolbenhoff, Hans Werner Richter und Wolfgang Bächler, Hildesheimer, Hagelstange und Holthusen, Lattmann und Jens – und außerdem die Repräsentanten münchnerisch-bayerischer Literatur: Hoferichter und Lutz, Lippl und Graf, Eugen Roth, Michl Ehbauer und wie sie alle hießen. Das waren, in abwechslungsreicher Folge alle vierzehn Tage angesetzt, Schriftsteller jeglicher Couleur: echte Dichter und routinierte Literaten, Feuilletonisten, Humoristen, Satiriker und Parodisten, Wortspieler und Langweiler, Amateure und Epigonen, Zugereiste, Einheimische und Durchreisende, Exilierte, innerlich Emigrierte und Entnazifizierte. Sie alle ließ der Obertukan »ran«, denn es ging ihm nie um eine bestimmte Richtung, nie um eine Clique. Die Sache, die er vertrat, war nichts anderes als das Florieren des Tukankreises, auf den er seine Lebensarbeit reduzierte. Er schrieb nun längst nicht mehr, er wurde zum hauptberuflichen Literatur-Unternehmer, er pflegte das Image seiner Leseabend-Agentur, die er trotz des Namens »Tukan*kreis*«, um sie fest und allein in der Hand zu haben, nie zu einem Verein mit Satzung, Vorstandsneuwahlen, Kassenprüfung und dergleichen hatte werden lassen. Ihm genügten die Adressenkartei für die fleißig verschickten Einladungen, die Portopfeffer-Überweisungen der »Tukanfreunde« und die öffentlichen Zuschüsse.

Während der Vorträge spielte er eine gleichbleibend bescheidene Rolle. Er, ein allzeit sanfter und zu jedermann freundlicher »Musensohn« mit gewellten Nackenlöckchen und seit je von unschätzbarem, meistens für höher eingeschätztem Alter – er beschränkte sich an den Tukanabenden darauf, die Autoren anzusagen und ihnen am Schluß für ihre (seiner Ansicht nach) stets vortreffliche Lesung zu danken. Er verband damit oft schrullig-verschnörkelte

R.P. Bauer: Erika Schmitt-Sulzthal, Federzeichnung

Aperçus, bei denen er sulzthalisch-verschmitzt durch seine dicken Brillengläser blinzelte.

Spielerisch-autonom, wie er nun einmal war, versah er einige Freunde und Kollegen, die für ihn und seine Sache von Nutzen waren, mit der Bezeichnung »Haupt«- oder »Ehrentukan« – mit Titeln, mit denen weder Pflichten noch gar Rechte verbunden waren, es sei denn dieses, von ihm vom Podium herab namentlich begrüßt zu werden. Und so schwabingerisch-schlitzohrig war seine tukanesische Zeitrechnung, daß er 1960, als nur fünfzehn wirkliche Vortragsjahre hinter ihm lagen, nämlich von 1933 bis 1937 und von 1950 bis 1960, mit keinem geringeren als dem Autor Theodor Heuss am Vortragspult des Cuvilliéstheaters das dreißigjährige Bestehen des Tukankreises feierte, gerechnet also »ab urbe condita« – jenem 13. März 1930. Und so blieb es bis heute!

Haupt- und Ehrentukan

Als der E.T.A.-Hofmann-haft skurrile, gütig-leise, aber mit sanfter Gewalt zielbewußte »Obertukan«, der wohlwollend belächelt und doch stets ernstgenommen wurde und zu guter Letzt sogar als Präses der bayerischen Schriftsteller im Rundfunkrat saß, im Frühjahr 1971 starb, ging die Geschichte seines Tukans keineswegs zu Ende. Er hatte es so eingerichtet, daß seine Frau Erika die Veranstaltungen weiterführen konnte. Und diese kleine, zarte, fast schon fragile Erscheinung tat dies – beflissen und bisweilen verbissen, denn sie sah darin nicht nur das Vermächtnis ihres Mannes, es ging ihr zugleich um die Sicherung ihrer Existenz. Sie verließ sich auf das Renommee, das diese spezifisch münchnerische Institution unter den schreibenden Zeitgenossen wie auch bei den Behörden errungen hatte, und blieb vor allem darauf bedacht, daß pro Jahr immerhin zwölf oder vierzehn Vortragsabende zustande kamen.

Manches gelang ohne Schwierigkeiten. Beispielsweise vergab das Kulturreferat die anfallenden »Tukanpreise« stets im Rahmen eines »Tukanabends«, und Autoren mit rundem Geburtstag feierten weiterhin in diesem Kreise, dankbar für den festlichen Rahmen, den sie nur hier fanden, ihre Jubiläen: Eugen Roth, Erich Kästner, Ernst Hoferichter, Eugen Skasa-Weiss, Herbert Günther, Rolf Flügel und viele andere. Häufig wurden zusätzlich eine Adventsfeier und ein Faschingsfest angesetzt, um die Anzahl der Veranstaltungen in der Jahresbilanz aufzustocken.

Da der erfahrene Obertukan seine Kenntnis von Literatur und Literaten nicht hatte weitergeben können, wurden für das treue Stammpublikum jene Abende seltener, an denen es wie in der »Freilingerzeit« zu überraschenden und erregenden Begegnungen kam. Allzu häufig griff die Tukanchefin auf leicht erreichbare und einsatzbereite einheimische Schriftsteller zurück. Demzufolge ergab sich aus der langen Folge der Veranstaltungen kaum je eine verbindliche Anthologie der deutschen Gegenwartsliteratur, die eine literarische Gesellschaft dieser Art im Laufe der Zeit hätte vermitteln müssen. Allzu viele Autoren, die »auch« interessieren, blieben ausgespart – von Andersch, Bichsel, Böll, Breitbach, Dürrenmatt, Enzensberger, Frisch, über Grass, Handke, Härtling, Johnson bis zu Urs Widmer und Gabriele Wohmann. Sie traten, wenn überhaupt in München, anderswo in Erscheinung, bloß nicht im Tukan.

Trotzdem: einige glanzvolle und erinnernswerte Abende gab es im Programm auch der letzten Jahre. Werner Finck brachte und amüsierte ein gerammelt volles Haus, erst recht Helmut Qualtinger und Loriot. Hervorhebenswert ferner die Lesungen von Autoren wie Stefan Heym, Horst Krüger, Hans Weigel, Friedrich Torberg, Walter Kempowski und erst recht von Astrid

Lindgren. Abende, die dem Tukan freilich nicht ohne zusätzliche Förderung gelangen.

Eine leicht rückläufige Entwicklung ist wohl auch durch anderes bedingt. Mehr oder weniger konservative Belletristik, die allein sich zum Vorlesen in größerem Kreise eignet, hat einiges von ihrem Rang eingebüßt zugunsten von Sachbüchern und Biographien, und zeitgenössische Lyrik ist, nur mit dem Ohr aufgenommen, kaum noch verständlich. Auch ist im Publikum die Neugier auf prominente Autoren, die in den fünfziger Jahren noch anlockten, um einiges abgeschwächt, weil man sie längst in Großaufnahme auf dem Bildschirm gesehen hat – man kennt sie also oder bildet sich doch ein, sie zu kennen, und ist nicht mehr so versessen darauf wie einst, ihnen »live« zu begegnen.

Für den Tukan wirkte sich zusätzlich ein mehrfach notwendig gewordener Lokalwechsel – vom Regina-Hotel zum Café Ringelnatz, von dort zum Alten Hackerhaus, dann zum Spatenhaus und zuletzt zum Künstlerhaus – nicht gerade vorteilhaft aus. Der literarische Musenvogel hat also im Lauf gerade der letzten Jahre einige Federn lassen müssen, aber nicht aufgegeben – was allerhand heißen will in einer Stadt, in der man ohnehin der Musik, der Oper und der bildenden Kunst ungleich mehr zugetan ist als dem nur gesprochenen, also abstrakt wirkenden, wenig sinnenhaften Wort am Vortragspult.

Obwohl manche meinen, mit einem halben Jahrhundert Tukankreis sei es nunmehr genug, gibt es andere, die es tief bedauern würden, wenn es diese Veranstaltungsreihe in Münchens literarischer Landschaft nicht mehr gäbe. Im Augenblick freilich ist weniger von Ausblick als von Rückblick die Rede: In der Monacensia-Abteilung der Stadtbibliothek wird eine Tukan-Dokumentation vorbereitet, im Saal der Bayerischen Akademie der Schönen Künste soll es einen Festvortrag geben und im Rathaussaal will die Stadt einen Empfang für alle erreichbaren »Tukanier« geben – womit nach Schmitt-Sulzthals Sprachgebrauch alle jene Autoren gemeint sind, die ein oder mehrere Male an seinem Vortragspult erschienen sind, darüber hinaus freilich so gut wie nichts miteinander gemeinsam haben ...

Münchner Stadtanzeiger 21 vom 14. März 1980, S. 4 f.

Als Katja Mann
noch Katja Pringsheim war

Fast die Hälfte ihres Lebens hat Katja Mann, die am 25. April im Alter von nahezu 97 Jahren in Zürich gestorben ist, nicht in Deutschland sein können und wollen. Aus der Emigration, die für die Familie Mann bereits im Februar 1933 begann, gab es für sie keine Heimkehr. Ihr Tod läßt jedoch daran erinnern, daß sie eine gebürtige Münchnerin war und ihre ersten fünfzig Jahre hier verbracht hat. Sie war die Tochter von Professor Alfred Pringsheim und Frau Hedwig, die damals in der Arcisstraße 12 wohnten. Thomas Mann, der bereits die »Buddenbrooks« veröffentlicht hatte, wurde 1903 als 27jähriger bei den Pringsheims eingeladen und gestand einem seiner Freunde: »Die Hausfrau, aus Berliner literarischem Hause stammend, Ernst und Hedwig Dohms Tochter, voller Sinn für meine Existenz und meine jugendliche Leistung, war der leidenschaftlichen Neigung nicht entgegen, die für die einzige Tochter des Hauses in mir keimte ...« Angetan war der junge Autor aber nicht nur von der damals noch nicht zwanzigjährigen Katja (geb. 24. Juli 1883), sondern desgleichen vom Heim ihrer Eltern: »Die Atmosphäre des großen Familienhauses, die mir die Umstände meiner Kindheit vergegenwärtigte, bezauberte mich. Das im Geiste kaufmännischer Kultureleganz Vertraute fand ich hier ins Prunkhaft-Künstlerische und Literarische mondänisiert und vergeistigt.« Ein Jahr später faßte er Mut, um Katja zu werben: »Ein großes Ballfest in den goldenen Hochrenaissance-Gesellschaftsräumen des Pringsheimschen Hauses, eine glänzende und menschenreiche Veranstaltung, bei der ich vielleicht zum erstenmal die Sonne der öffentlichen Gunst und Achtung voll auf mir ruhen fühlte, brachte Gefühle zur Reife, auf die mein Leben zu gründen ich hoffen durfte.« Die Hoffnung trog nicht. Am 3. Oktober 1903 verlobte man sich, am 11. Februar 1905 – Thomas Mann schloß unmittelbar davor ein neues Werk, die »Fiorenza«, ab – wurde geheiratet. Die erste gemeinsame Wohnung lag in Schwabing: Franz-Joseph-Straße 2, III. Stock, wo am 9. November des gleichen Jahres die Tochter Erika, das erste von sechs Kindern, geboren wurde. Dort kam nach Klaus am 27. März 1909 auch der zweite Sohn Angelus Gottfried Thomas zur Welt, bekannt als Golo Mann, dem die Stadt München soeben ihren Großen Ehrenpreis für 1980 zuerkannt hat.

Münchner Stadtanzeiger 36 vom 9. Mai 1980, S. 6

Münchner Freiheit, Foto: G. Gerstenberg

Dokumentation gegen Vergesslichkeit

Gesetzt den Fall (und er liegt durchaus im Rahmen des Möglichen), einer würde, sagen wir, im Auftrag einer Akademie oder einer Architektenkammer, alles sammeln, was in den Jahren 1984 und 1985, also noch rechtzeitig vor Baubeginn, von ernstzunehmenden Fachleuten, also von Baumeistern, Stadtplanern, Denkmalpflegern, Kunsthistorikern, Kritikern und ähnlichen, aber auch von Karikaturisten jeglicher Couleur, deren Vorstellungsvermögen stets weit reicht und die die Dinge gern satirisch auf die Spitze treiben, und schließlich von Zeitungslesern in besorgten oder »geharnischten« Leserbriefen zur gleichen Sache geäußert worden ist, eben zur Sache »Staatskanzlei im Haus der Bayerischen Geschichte« (oder auch umgekehrt: Haus der Geschichte in der Staatskanzlei), – und gesetzt des weiteren den Fall, der Betreffende würde seine Dokumentation in einem repräsentativen Bild-Text-Band zusammenfassen, der ebenso stichhaltig wie unübersehbar genau an jenem Tag überall vorliegt, an dem ein Prominenter (wer auch immer das sein mag) unter wehenden Fahnen und Marschmusik-Klängen vor vielen Männern in schwarz am Hofgarten das neue Gebäude einweiht: der Prominente würde in jener Feierstunde vieles pathetisch versichern können, jedoch angesichts besagter Dokumentation, die jedermann vor der uns stets drohenden Vergeßlichkeit bewahrt haben wird, allein das eine nicht: daß für den gigantischen Neubau Steuermittel nach dem Wunsch und dem Willen des bayerischen Volkes verwendet worden seien; er wird mehr eingestehen müssen, daß dem Volke hier etwas Gigantisches von oben herab aufgezwungen oder doch verordnet worden sei, und daß die Pläne dazu nicht schon in den frühen dreißiger Jahren, sondern erst in den achtziger Jahren ausgereift seien – falls man dann überhaupt noch von »Reife« wird sprechen wollen.

Münchner Stadtanzeiger 28 vom 12. April 1985, 6.

Die Bayerische Staatskanzlei, Foto: G. Gerstenberg

Eine Autorität für bayerische Belange.
Wilhelm Lukas Kristl gestorben /
Von Landshut über Madrid nach Schwabing

»Sie haben uns Bayern nie billig auf dem Markt verkauft, auch nicht sich selber unterm Preis.« Dies, was er einmal einigen wenigen bayerischen Autoren nachgerühmt hat – es galt auch für ihn selber: für Wilhelm Lukas Kristl, der gestern im 82. Lebensjahr nach langer Leidenszeit sanft entschlafen ist.

Franz Gans: Die Seidlvilla in Schwabing, Kohlezeichnung

Wann und wo immer es um bayerische Belange ging, war er für seine Freunde, insbesondere für die Zugereisten unter ihnen, sowie für die Leser seiner Bücher und Lokalspitzen (auch in dieser Zeitung) eine Autorität, ja, eine Instanz. Und das nicht nur seiner langen Lebenserfahrung wegen, sondern weil er allem, was er als Autor von sich gab, gediegene Recherchen vorausgehen ließ.

»Glaube, Liebe Hoffnung«

So hat er in seinen Artikeln oft einiges Schiefe zurechtgerückt; so konnte er zum Pfleger und Herausgeber von Heinrich Lautensacks Lebenswerk werden; so hatte er, damals Gerichtsberichterstatter bei der Münchner Post, mit Ödon von Horvath das Drama »Glaube, Liebe, Hoffnung« schreiben können, das noch immer über die Bühnen geht; so war er zum Biographen einer so exemplarisch bayerischen Persönlichkeit wie Oskar von Miller (»Der weiß-blaue Despot«) geworden, aber auch von so zwielichtigen Gestalten wie der Räuber Mathias Kneißl oder wie Lola Montez (»Lola, Ludwig und der General«). Hinzu kam langjährige Auslandserfahrung (Madrid); sie hatte ihn, den Altbayern, der in Landshut geboren wurde, in Passau aufwuchs und in München viele Jahre auch für das Bayern-Werk gewirkt hat, zum Weltbürger werden lassen: nobel, galant, stets aufgeschlossen und voller Umsicht, jedoch von betont bürgerlichem Habitus. Einer, der sich gern denen zurechnete, »die höchstens dadurch auffallen, daß sie alles Auffällige vermeiden«. Zwar in Schwabing ansässig, aber nie ein Bohemien.

Mit vielen Preisen ausgezeichnet

Er hat ein Buch auch über Spanien geschrieben (»Kampfstiere und Madonnen«), und er hatte auf seiner letzten Reise dort abschiednehmend noch einmal Erinnerungsstätten aufgesucht. Anerkannt aber wußte er sich vor allem in München, wo ihm in den letzten Jahrzehnten der Tukan-, der Schwabinger und der Ernst-Hoferichter-Preis zugefallen sind sowie der Bayerische Poetentaler.

Süddeutsche Zeitung 137 vom 18. Juni 1985, S. 13

Hans Prähofer 65 Jahre
Kunstmaler, Bildhauer, Schriftsteller

Hans Prähofer, heute vor 65 Jahren in Traunstein geboren, in Mühldorf aufgewachsen und seit Jahrzehnten in München tätig – so vielseitig tätig, daß es damit hapert, ihn eindeutig einzuordnen. Im Telefonbuch gibt er als Beruf Kunstmaler an, aber er ist auch Bildhauer, Gebrauchsgraphiker und Schriftsteller. Um mit letzterem zu beginnen: 1964 brachte er – nicht irgendwo, sondern im hochliterarischen Piper-Verlag – seinen Roman »Die Drachenschaukel« heraus, eine Erzählung in solch eigengeprägter, anschaulich sinnenhafter Prosa, daß gerade die Experten dieses bayerisch gefärbte, griffige, urwüchsige Deutsch rühmten, in dem jedes Wort am richtigen Platz steht. Sodann las man Mundartgedichte von ihm, deren lakonische Dichte nichts mit Gaudi-Bayerisch zu tun hat.

Dennoch: der zweite Roman läßt noch heute auf sich warten, da Prähofer allzu sehr als bildender Künstler gefordert ist. Den kraftvollen Duktus seiner Prosa allerdings kann man unschwer in seinen Landschaftsdarstellungen wiederfinden, in seinen Ansichten von Mühldorf oder der Innschleife bei Kloster Au, dergleichen in markant konturierten Federzeichnungen und Siebdrucken, in ebenfalls von Dynamik und Kraft zeugenden Glasfenstern, in glasierten Keramikarbeiten oder aber, wofür es gerade aus den letzten Jahren Beispiele gibt, in Kompositionen, die in die Sparte »Kunst am Bau« gehören.

Da gestaltete er für den Arabella-Park Brunnen in bizarrer Blumenform und vor allem den attraktiven »Lichterhügel«: eine zehn Meter lange, durchmodellierte Erhebung, gepflastert mit Granit und weißem Marmor und bestückt mit neun Masten, die 72 Leuchtkugeln tragen – ein humaner Mittel- und Treffpunkt in Bogenhausens modernster Anlage.

Süddeutsche Zeitung 224 vom 28./29. September 1985, S. 21

Georg Schwarz
Romantiker und Rebell

Zu Anfang der dreißiger Jahre, als es in Schwabing, beispielsweise bei Steinicke oder im Café Universität, noch literarisches Leben gab, war einer der jungen Literaten, die dort gern aus ihren ersten Versuchen vorlasen, ein Poet, der auf mancherlei Umwegen

Im Arabellapark, Foto: G. Gerstenberg

nach München gelangt war, aber unbefangen an seinem profilierten schwäbischen Dialekt festgehalten hatte: Georg Schwarz aus Nürtingen. Von kräftiger, untersetzter Statur, gab er sich laut, polternd, ungeschlacht. Gern huldigte er dem Bacchus. Über das Weinglas hinweg sprach er behutsam und versonnen Gedichte – von Göttern in der Schenke, von Weinlauben und vom berauschten Wind. Man spürte: mehr als ein Temperament, nämlich Sturm und Drang, gärender Most, ein Original.

Eines Tages war er aus Schwabing verschwunden. Mit grauer Melone und zierlichem Spazierstock (silberner Griff!) tauchte er nur noch gastweise auf: nunmehr eine Biedermeierfigur von barocker Vitalität. Er hatte sich ins Isartal zurückgezogen, an Münchens Stadtrand, nach Solln, um die Lockungen der Kneipen müheloser verwinden und am Schreibtisch zielbewusster arbeiten zu können. Beides gelang ihm. Dem ersten Roman um »Jörg Ratgeb« (Piper-Verlag), den spätgotischen Maler und rebellischen Anführer im Bauernkrieg, folgte Buch um Buch. Einmal war auch ein Bestseller darunter: die Erzählung um den »gottfröhlichen Menschenfreund Johann Friedrich Flattich«. Ein andermal schrieb er über seinen Lieblingsdichter Eduard Mörike: »Der Ring der Peregrina«. Und vor allem immer wieder Gedichte. Nicht als Neutöner, sondern als einer der »Die ewige Spur« (Essaytitel) schwäbischer Dichtung einzuhalten und fortzuführen versucht.

Stets gegen Verflachung und Uniformierung, nur mit wenigen »telepathisch« verbunden – wie Prospero auf seiner Insel, so hat Schwarz einmal die Situation des Dichters umrissen und damit auch seine eigene. Wie Prospero lebt er immer noch im Abseitigen, schwer auffindbar unter Bäumen, nahezu in jedem Jahr ein neues Büchlein vorlegend; Verse oder Prosa, in die immer bewußter antike Symbolfiguren hineinspielen. »Die Venus von Milo« heißt der soeben erschienene Erzählband, den er, wiederum bei Stieglitz, zu seinem 85. Geburtstag vorlegt, den er gestern gefeiert hat.

Süddeutsche Zeitung 161 vom 17. Juli 1987, S. 14

Ein Holocaust-Mahnmal tut not
Die 11. Vergabe des Geschwister-Scholl-Preises in würdigem Rahmen

Zum 11. Mal vergaben die Landeshauptstadt München und der Verband Bayerischer Verlage und Buchhandlungen den von ihnen gemeinsam mit 20 000 Mark dotierten »Geschwister-Scholl-Preis« für ein neues Werk, das »dem verantwortlichen Gegenwartsbewußtsein neue Impulse zu geben vermag«; zum drittenmal fand der Festakt in der Aula der Universität statt, in deren Lichthof 1943 die Mitglieder der »Weißen Rose« durch mutige Flugblätter zum Widerstand aufgefordert haben.

Fensteröffnung am ehemaligen Reichsluftgaukommando, heute Bayerisches Staatsministerium für Wirtschaft, Verkehr und Technologie, Blick von der Sternstraße, Foto: G. Gerstenberg

Das heuer prämiierte Buch, dessen Titel »Der Tod ist ein Meister aus Deutschland« eine Zeile aus Paul Celans »Todesfuge« zitiert, beruht auf einer vierteiligen Fernsehreihe von Lea Rosh und Eberhard Jäckel. Erschütternd dokumentiert wird darin die »meisterhafte« Perfektion Nazi-Deutschlands in der Judenvernichtung, aber auch die Mitschuld der »Gesellen« in den anderen Ländern wird nicht verschwiegen: der »Collaborateure«, die beträchtliche Mitschuld auf sich luden.

Der Festakt, zu dem die Repräsentanten der Universität, Stadt und Verlegerverband gewichtige Grußworte beisteuerten, überzeugte durch Ausgewogenheit und Würde. In Laudatio und Danksagung wurde weit mehr geboten als die Würdigung der Neuerscheinung und deren Auszeichnung. Rachel Salamander bot geradezu eine kleine Anthologie jüdischer Stimmen zu tragischen Geschehnissen – und ließ keine Zweifel daran, daß besonders jetzt, »wo Deutsche sich mit dem Nationalen aussöhnen können«, die Toten von Auschwitz wieder im Wege stehen und den positiven Prozeß mit Negativem aufladen. Die Welt bleibe unmenschlich, zitiert sie Hanna Arendt, wenn sie nicht dauernd von Menschen besprochen werde. »Erst indem wir darüber sprechen, vermenschlichen wir die Welt.«

Gleiches liegt der Preisträgerin am Herzen, die über Erfahrungen bei ihren Umfragen sprach, sie ging den historischen Wurzeln des Antisemitismus hierzulande nach und verschonte auch Martin Luther nicht, in dessen Wittemberger Kirche noch heute ein peinliches Relief gegen die Juden zu finden ist. Ihr Ziel: sie möchte im »Lande der Täter« – am liebsten in Berlin – endlich ein Denkmal errichtet sehen, das an den Holocaust erinnert. Eben jetzt, da beide Teile Deutschlands wieder zusammengefügt wurden, »kann und muß die Verantwortung für die gemeinsame Geschichte übernommen werden«. Mit der Forderung nach einem solchen Mahn- und Gedächtnismal wollen sich die Preisträger und ihre Mitarbeiter sogar an das gesamtdeutsche Parlament wenden.

Münchner Stadtanzeiger 48 vom 29. November 1990, S. 7

Karl Valentin als Adressant
In acht Bänden soll des Komikers Gesamtwerk erscheinen /
Den Anfang machen seine Briefe

Nachdem der Münchner Piper Verlag Anfang April im Saal des Stadtmuseums den ersten Band der von ihm in Angriff genommenen achtbändigen Ausgabe von Karl Valentins »Sämtlichen Werken« der Öffentlichkeit hat vorstellen lassen – neben dem Verleger ergriffen Münchens 2. Bürgermeister, der Herausgeber und ein Rezitator das Wort –, ist es in der Zwischenzeit dem Referenten möglich gewesen, sich mit der vorliegenden Edition der Briefe vertraut zu machen, die in der Gesamtausgabe den Platz 6 einnimmt.

Daß Karl Valentin ein brillanter Briefschreiber gewesen sei, hat man nie vernommen und wird auch durch diese Veröffentlichung nicht belegt, die den Wortlaut von insgesamt 243 Briefen wiedergibt und kommentiert. Bereits der zweite Brief (1902) ist an Valentins spätere Ehefrau Gisela Royes (1881–1956) gerichtet, der 5. vom 1. November 1910 räumt der gerade 18jährigen Tietz-Verkäuferin Elise Wellano, die sich als Autorin Liesl Karlstadt nennt, das Aufführungsrecht »meiner sämtlichen komischen Vorträge« ein. In der Anrede schreibt Valentin hinfort bald »Liesi«, »Lisi« oder »Li«. Der Himmel ist für ihn »zeitweise weiß-blau, und in der Nacht immer Bayerische Volkspartei« (also schwarz!). Ab 1929 fühlt er sich so unsicher, daß er einen Waffenschein beantragt und hinfort einen Trommelrevolver mit sich führt.

Mit deutschem Gruß

Politisch legt er sich nicht fest, jedoch bereits ab März 1934 unterschreibt er »Mit deutschem Gruß« und ab November sogar mit »Heil Hitler«, allerdings nur in Schreiben an Amtsstellen. Und bei denen hat er sich häufig zu beklagen, weil ihm, so meint er, nicht genug Beachtung geschenkt wird. 1933, als Weiß-Ferdl seinen 50. Geburtstag feiert, gratuliert Valentin ihm noch recht devot: »... klein von Gestalt und groß sein Gehalt«. Danach aber wächst bei ihm die Mißgunst, weil ihm ähnliche Erfolge versagt bleiben, wie sie nicht nur Weiß-Ferdl, sondern auch der von ihm noch mehr

R.P. Bauer: Hans Ludwig Held, Federzeichnung

beneidete Heinz Rühmann vorweisen können, und er scheut nicht davor zurück, diesen wegen seiner damaligen Frau oder ein jüdisches Bankhaus bei hohen Nazi-Stellen aus rassischen Gründen zu denunzieren.

Gustav Gründgens ist für ihn in den dreißiger Jahren der »Sehr verehrte Herr Staatsrat«; mit dem damals namhaften Regisseur Erich Engel, der einige Filme mit K. V. gemacht hat, ist er längst unzufrieden geworden, und er hängt ihn bei der »Reichsfachschaft Film« hin, weil der »mich als Komiker völlig anders spielen« ließ, »als ich es in meiner jetzt 25jährigen Bühnenlaufbahn getan habe«. Soweit reicht trotz aller erlittenen Mißbeachtung sein Selbstgefühl, daß er an den Berliner Produktionsleiter H. H. Zerlett (Tobis) nicht nur die finanziellen Erfolge natürlich wieder von Rühmann und Weiß-Ferdl und darüber hinaus von Moser, Lucie Englisch, Joe Stöckl und Josef Eichheim rügt, sondern prompt fordert: »Ich müßte so wie Charlie Chaplin in München meine eigenen Sachen und Ideen drehen können, solange das nicht ist, kann niemals ein richtiger Film entstehen, wie ich ihn mir denke.« Und weil auch dies noch nicht genug überzeugt, setzt er in diesem Schreiben vom 25. Juli 1937 noch hinzu: »Unser Führer und Reichskanzler ist ein großer Verehrer von mir und Frl. Karlstadt, und er hat sich den letzten Großfilm ›Donner, Blitz und Sonnenschein‹ 2 x angesehen« ...

Der Erfolg blieb aus

Trotzdem: Der Erfolg blieb ihm versagt – der große im Hitler-Reich sowie der regionale nach 1945 in seiner Vaterstadt, wo er nicht einmal eine Vierzimmerwohnung bekommen habe, »obwohl ich bis zum Jahre 1930 in fast 200 Wohltätigkeitsvorstellungen mitgewirkt habe«.

In einem seiner letzten Briefe (vom 20. Oktober 1947 an Kiem-Pauli) aktualisiert er noch einmal die lebenslange Klage über sein Verkanntwerden: »Meine 15 Kurztonfilme sind heute noch beschlagnahmt, Heinz-Rühmann-Filme, der im 3. Reich sehr beliebt war, sind freigegeben. – Mein druckfertiges Buch, Valentin's Jugendstreiche mit 200 Illustrationen, liegt seit 22 Jahren mit Spinngewebe überzogen in meiner Schreibtischschublade.«

Im letzten datierten Brief (vom 5. 2. 1948) ist zu lesen: »Von neuem habe ich mich erkältet und ging gleich nach dem ›Bunten Würfel‹ um 8 Uhr ins Bett.« Wenige Wochen später, am Aschermittwoch 1948, ist er gestorben. Das lebenslang erträumte Glück blieb ihm versagt. Schlimmer noch: Seine Vaterstadt verkaufte in der Nachkriegszeit seinen literarischen Nachlaß ans theaterwissenschaftliche Seminar in Köln ...

Münchner Stadtanzeiger 18 vom 30. April 1992, S. 5 [gekürzt]

R. P. Bauer
– denkwürdig aus mancherlei Gründen

Daß zur 80. Wiederkehr seines Geburtstags im Hildebrand-Haus der Stadtbibliothek eine Gedenk-Ausstellung für den bereits mit 48 Jahren plötzlich verstorbenen Zeichner und Karikaturisten R. P. Bauer eröffnet werden konnte, ist insbesondere dem zielstrebigen Einsatz seiner Frau Herta zu verdanken, jedoch auch der Wertschätzung, die der Künstler, Architektensohn aus Konstanz, sich in München hat erringen können. Bereits mit neunzehn Jahren begann er als Autodidakt Sportler zu karikieren – er, der es auf dem Tennisplatz einmal zum bayerischen Meister gebracht hat. Als Soldat karikierte er seine Vorgesetzten, in der frühen Nachkriegszeit am Tegernsee US-Soldaten und dann Künstler jeder Sparte: Schauspieler, Dirigenten, Radio-Sänger, Literaten (nahezu vollzählig die »Tukanier«!), aber auch Fürstlichkeiten und etliche Politiker – ohne je mit den professionalen »Zeitkritikern« zu konkurrieren. Er hatte seine eigene Handschrift, beschränkte sich jeweils auf frei in den Raum gestellte Köpfe, hob mit präzisen Linien die Charakteristika hervor und fügte bisweilen Embleme hinzu, um die Aussage zu steigern, und das oft mit viel Anmut und Phantasie. Ihm gelang es sogar, schöne Frauen zu karikieren, ohne ihnen dabei von ihrem Charme zu nehmen. In der Tat, er war ein Meister seines Faches, und wenn auch viele der von ihm gezeichneten Persönlichkeiten in den Jahrzehnten seit RPBs plötzlichem Tod an Glanz verloren haben oder gar in Vergessenheit geraten sind: Das Vergnügen beim Betrachten dieser kleinformatigen, scharf konturierten Zeichnungen, die nun in den Vitrinen der Monacensia aufliegen, stellt sich erneut ein, denn Bauer war auch dort, wo er als zeitkritischer Beobachter den Kopf schütteln mußte, ein wohlwollend lächelnder Mittler, ein wahrer Humorist, dem in seiner Kunst die Porträtähnlichkeit noch wichtiger war als ein ironisierender Einfall.

Münchner Stadtanzeiger vom 9. Juli 1992

Eine Eidgenossin wurde Münchnerin
Christian Udes Mutter Renée

Als Thomas Mann am 8. November 1927 im Auditorium Maximum der Universität aus dem Manuskript seines Joseph-Romans zum erstenmal öffentlich vortrug, sah sich auch eine erst wenige Tage zuvor hier eingetroffene Studentin aus der Französisch sprechenden Westschweiz dazu angeregt, den berühmten Autor zu hören, von dem man im heimatlichen Gymnasium den »Kleinen Herrn Friedemann« durchgenommen hatte. Die gleiche Veranstaltung besuchten einige literaturbeflissene Kutscher-Schüler, von denen ihr einer, der Unterzeichnete, bekannt gemacht wurde. In den Kollegs der nächsten Tage traf man erneut zusammen. Im Januar 28 besuchten die beiden gemeinsam im »Odeon« ein Konzert Wilhelm Furtwänglers und verloren sich seitdem nicht mehr aus den Augen. Sie hörten gemeinsam bei Wilhelm Pinder Kunstgeschichte, bei Artur Kutscher Theaterwissenschaft, sie bezogen einige Semester später bei Schwabinger Wirtinnen ihre Studentenbuden immerhin unter dem gleichen Dach, wechselten für ein Semester nach Paris und begannen dann sogar an Dissertationen zu arbeiten, sie bei Karl Voßler, er bei Kutscher – jedoch als das Studium sich gar sehr in die Länge zog, mußten sie nach entlohnter Tätigkeit Ausschau halten: Sie bereitete zwei französische Diplomatenkinder in allen Fächern auf das Abitur vor, das beide dann in Frankreich bestanden; er begann, für deutsche Zeitungen zu schreiben.

Und gemeinsam besuchten sie seit jenen Tagen hierorts nahezu jede Premiere, Vernissage und Dichterlesung, so alle Falckenberg-Premieren, die letzten Uraufführungen von Richard Strauss und den ersten »Tukan-Abend« bei Steinicke (1930). Zwischenhinein auch die Eröffnung des Hauses der »deutschen« Kunst ...

Als mit der heraufziehenden Kriegsgefahr zweifelhaft wurde, ob sie ohne deutschen Paß im Lande werde bleiben dürfen, erleichterte diese Befürchtung den Schritt zur Legalisierung der altbewährten Bindung. Man ging zu Standesamt und Kirche – und konnte angereisten Eltern und Schwiegereltern den »Tag von München« (1938) als welthistorische Kulisse bieten.

Der Krieg kam leider trotzdem, sie aber konnte in München bleiben, auch als er hatte »einrücken« müssen. Es fügte sich, daß er als Soldat kaum je aus der Stadt mußte (er brachte es in fünf Jahren nur zum »Ogfr.« und tat Bürodienst). Die Schwabinger Wohnung allerdings brannte aus, und die fremdsprachige Deutsche wurde mit der kleinen Tochter nach Garmisch »evakuiert«. Im Herbst 1945 kehrte sie mit Mann und Kind nach Schwabing zurück, wieder in die Bauerstraße, jedoch in ein unzerstörtes Haus, half ihrem Ehepartner beim Auf- und Ausbau einer literarischen Monatsschrift, die es auf 28 volle Jahrgänge brachte, und umsorgte neben dem Töchterchen nun auch das Söhnlein Christian, das zwischen Büchern und Redaktionsbetrieb aufwuchs und sich früh schon manches von dieser Umwelt zu eigen machte. Später half sie den Kindern nicht nur beim Erlernen von Fremdsprachen. Sie duldete auch Redaktionssitzungen der Schülerzeitung, die der Filius am ARG ins Leben rief. Und ihrer weltoffenen (eidgenössisch) demokratischen Pädagogik war wohl auch dies zuzuschreiben, daß sowohl Tochter als auch Sohn an ihren Schulen dazu auserwählt wurden, in der jeweiligen Aula die damals noch vielbeachteten Abiturienten-Abschiedsreden zu halten.

Da die Kinder auch zum Studium München nicht verlassen mochten, versammelte sie auch in den folgenden Jahren die Familie täglich um den Mittagstisch, begreiflicherweise zu mehr schweizerischen als bayerischen Mahlzeiten. Und bei den familiären Round-Table-Gesprächen waren aus ihrem Mund immer wieder »falsche« Artikel und nur ungefähr zutreffende Wörter zu vernehmen, die beim Zuhörer das Mitdenken unablässig geschult haben ...

Süddeutsche Zeitung 218 vom 21. September 1993, S. 41

DAMALS MUSSTE MAN SICH ZU HELFEN WISSEN

Karl Ude erinnert sich vor allem an den beißenden Brandgeruch, der ganz München einhüllte: »Es roch überall nach schwelenden Balken, stickigem Bauschutt und feuchten Kellern«, erzählt Münchens ältester noch aktiver Journalist. Wir besuchten den 88jährigen Herrn Papa unseres Oberbürgermeisters in seiner Wohnung in der Bauerstraße 9. Hier lebt er mit seiner aus der französischen Schweiz stammenden Ehefrau Renée seit genau fünfzig Jahren – seit August 1944, als ihre damalige Wohnung vis-à-vis auf Nummer 10 durch Brandbomben zerstört wurde. Als sich die Udes mit ihrer dreijährigen Tochter Karin, der älteren Schwester des erst 1947 geborenen Christian, nach dem Angriff wieder aus dem Luftschutzkeller herauswagten, stand bereits der Dachstuhl in Flammen: »Uns blieb das Herz fast stehen, wir wohnten im dritten Stock und sahen schon unsere ganze Habe verbrennen.« Die Feuerwehr, erzählt Karl Ude, »versuchte ihr Bestes, aber das war wenig«. Die Wasserbehälter reichten einfach nicht aus für all die brennenden Häuser. Über das immer weiter abbröckelnde Treppenhaus retteten sie einige wertvolle Rokokomöbel auf die Straße.«

Unerwartete Hilfe bekam das junge Paar aus der nahen Volkswagen-Werkstätte, in der Franzosen als kriegsdienstverpflichtete Facharbeiter deutsche Autos zu reparieren hatten. Renée Ude hatte sich damals ohne das Wissen ihres Mannes mit den Fremden angefreundet: »Ich besorgte ihnen Bücher und übersetzte Briefe, sie schenkten mir Speck, Schokolade und auch mal ein Leinen-Bettuch für meine kleine Tochter.«

Ihr Mann, der damals Obergefreiter beim stellvertretenden Generalkommando in der Schönfeldstraße war, hört vieles von dieser ebenso intensiven wie verbotenen Symbiose – man mag es kaum glauben – bei unserem Gespräch zum ersten Mal. Renée Ude lächelt verschmitzt und sagt mit immer noch stark französischem Akzent: »Karl durfte das gar nicht wissen, eigentlich habe ich uns in große Gefahr gebracht.« Die »französischen Freunde« haben jedenfalls kräftig mitgeholfen, das Hab und Gut der Udes vor den Flammen zu retten: Sie schleppten sogar den großen Flügel hinunter, der jetzt im Wohnzimmer steht ... mit deutlich sichtbaren Kratzern.

In der Wohnung der Udes gibt es heute noch weitere Spuren, die an die Zeit von vor fünfzig Jahren erinnern: Unmittelbar neben einem Wohnzimmerfenster drückt sich unter dem Putz ein großer Kreis durch. »Da schlugen wir ein Loch in die Wand, um das Rohr von unserem Kanonenofen rauszuleiten«, sagt Karl Ude. »Damals mußte man sich zu helfen wissen.«

Aus: Annette Baronikians, Fünf Altmünchner erzählen vom Leben in einer Trümmerwüste. Der Sommer 1944 – in der Erinnerung brennt er noch

Süddeutsche Zeitung 198 vom 29. August 1994, S. 29

Die Stadt – ein Trümmerfeld.

STEIN-ZEIT
Das Land liegt in Trümmern, jetzt müssen die Menschen
den Frieden bauen – Stein um Stein.
Bilder aus einer Zeit, als Krieg uns naheging: München 1945

Geraume Zeit vor Kriegsbeginn – daran glaube ich mich erinnern zu können – hatte der zivile Luftschutz angeordnet, daß in den Häusern allerorten am Speichereingang ein Eimer mit Löschwasser, eine Kiste mit Sand und einer Schaufel sowie eine sogenannte Feuerpatsche bereitzustellen seien; ein Besenstiel beispielsweise mit einem alten Lappen. Damit sollten die Münchner gegebenenfalls im Dachstuhl gelandeten Brandbomben den Garaus machen. Solches Löschmaterial stand also – dafür sorgten mit viel Pedanterie die Luftschutzwarte – jahrelang bereit. Als es jedoch mit dem Luftkrieg ernst wurde, da war mit Kleinmaterial wie Feuerpatschen und Löschsand der rote Hahn von den brennenden Balken längst nicht mehr zu verscheuchen.

Wann genau die Zerstörung unserer Stadt durch alliierte Flugzeuge zur bitteren Wirklichkeit wurde, dafür hat jeder, der in München hat bleiben dürfen (oder müssen), andere Daten im Gedächtnis. Für alte Schwabinger, insbesondere westlich der Leopoldstraße, war der Sommer 1944 die aufreibendste Zeitspanne; für die Innenstadt und die anderen Viertel gab es für den schlimmsten Alptraum jeweils unterschiedliche Zeiten. Insgesamt mußte für die Landeshauptstadt nicht weniger als 455mal Luftalarm gegeben werden, jedesmal Anlaß, aus dem Schlaf geschreckt zu werden und mit allem, was einem lieb und teuer war, die Treppen zum Luftschutzkeller hinabzusteigen. In den Chroniken sind nicht weniger als 66 schwere Vernichtungsangriffe verzeichnet, die das Leben von 6155 Mitbürgern gefordert haben.

Aus späteren Erhebungen ergibt sich, daß von den rund 60 000 Gebäuden, über die München bei Kriegsbeginn verfügt hat, 10 626 völlig vernichtet und 48 756 mehr oder weniger schwer beschädigt worden sind. Nur 1270 Häuser seien, so heißt es, völlig unversehrt geblieben. In der gleichen Zeitspanne ging die Einwohnerzahl durch Evakuierung von 853 000 auf 501 145 zurück. Von den 22 000 Hotelbetten, die laut einer anderen Statistik vor dem Kriege für die Nacht hatten angeboten werden können, blieben zunächst nur an die

Die Stadt – ein Trümmerfeld.

hundert verfügbar, und in der Universität standen für sechstausend, die studieren wollten, nicht mehr als zwölf Lehrsäle bereit; die blaue Münchner Tram hatte zwei Drittel ihres Wagenparks eingebüßt.

Aber dies alles war es nicht allein, was jahrelang das Leben schwermachte. Es fehlten die meisten der Kulturbauten, die dereinst das beglückende Bewusstsein vermittelt hatten, in einer Stadt zu leben, von der Thomas Mann geschrieben hatte, daß sie leuchtete. Nun war es die Tristesse von Asche und Staub, die ihr Bild prägte. Der Westwind brachte nicht mehr den Duft von Wiesen und Heu vom Land in die Stadt wie vordem so oft an Sommerabenden; die Linden, auch in unserer Straße angesengt und vom Bombenluftdruck zerzaust, waren längst kein Zeugnis mehr für Ina Seidels Verse, die ihnen nachrühmten, daß sie »unsterblich« dufteten. Im Herbstwind war nichts mehr vom nahen Schnee zu wittern und im Föhn nichts mehr vom Glück kommenden Frühlings. Es roch, wo immer man ging, nach schwelendem Holz, nach stickigem Bauschutt, nach schimmelnden Kellern, in die durch angekohlte Balken und Bretter immer neues Regenwasser nachsickerte und die Fäulnis weitertrieb; es roch nach vermodernden Lumpen, aufgeweichtem Papier und rostendem Metall. Der beizende Brandgeruch, ekelerregend, widerlich, war aus keinem Kleidungsstück mehr herauszubringen, man schleppte ihn unablässig mit sich herum …

Für unsereinen, der Soldat sein mußte, kam der Dienst hinzu, der weder bei Tag noch in der Nacht hatte sinnvoll erscheinen können. Mit einer Ausnahme. Vom 6. zum 7. Januar 1945 war ich als Obergefreiter der Brandwache im stellvertretenden Generalkommando an der Schönfeldstraße zugeteilt. So bedrohlich wurde auch hier in der Nacht der Bombenhagel, daß wir uns bäuchlings auf den Kellerboden warfen, den Stahlhelm schützend in den Nacken geschoben. Als wir bei einer Angriffspause aus dem Dunkel herausdrängten – die Stromzufuhr war längst zerschlagen –, stand die Umgebung in Flammen. Die schmale Schönfeldstraße hatte Windzug wie ein Schlot. Aus dem gegenüberliegenden Josephinum, das ebenfalls brannte, waren Patienten zu bergen. Wir schleppten sie, die auf Tragen unter feuchten Tüchern verängstigt stöhnten, durch Rauch und Flammen zum unbeschädigt gebliebenen Keller des Hauses der Kunst. Unsere Stiefel knirschten über Glassplitter und Sand, Phosphor züngelte nach den Tragen und machte den aufgeweichten Asphalt klebrig. Dazu Feuer in allen Fensterrahmen, das Geschepper herabgleitender Dachziegel, unter denen die Sparren durchbrannten, Funkenstieben und verpestete Luft. Trotzdem: Diese war unter all den Brandwachen jener Jahre die einzig sinnvolle. Drei Tage später erhielten einige von uns, die noch keine Auszeichnung besaßen, das Kriegsverdienstkreuz ...

Wenige Monate später, bei Kriegsende, nachdem es noch den bewaffneten Aufstand gegen das Hitler-Regime, die »Freiheits-Aktion Bayern« (FAB), gegeben hatte, warteten fünf Millionen Kubikmeter Trümmer auf den Abtransport. Jahrelang fuhr die »Bockerlbahn« den Schutt auf die Halden vor der Stadt hinaus. Mit dem überraschenden Effekt, daß es heute in Nordschwabing, einer einstmals flachen Landschaft, zwei mit Gesträuch und Fußwegen ausstaffierte »Schuttberge« gibt, die von den Spaziergängern längst dankbar angenommen worden sind, da sich von ihrer Höhe aus ein faszinierender Blick auf Stadt und Gebirge ergibt – erst recht an den die Fernsicht reizvoll erschließenden Föhntagen. Diese Promenier- und Aussichtshügel, mit denen auch andere Münchner Stadtteile, insbesondere der Olympiapark, haben beglückt werden können, bedeuten fraglos eine ungeahnte Bereicherung für alle, die sie zu nutzen wissen. Aber mit dem Leid, den Opfern, der Zerstörung, die sie zuvor den Mitbürgern bescheren mußten, wurden sie über alle Maßen teuer bezahlt.

SZ-Magazin 11 vom 17. März 1995, S. 32 ff.

Ein Synonym für Kunst in Schwabing
Oswald Malura 90 Jahre alt

Wer glaubt, ein denkwürdiges Ereignis des Jahres 1906 habe mit einem Schlesier zu tun, der liegt grundsätzlich nicht falsch. Allerdings sollte er dabei nicht mehr wie bisher an jenen Schuster Wilhelm Voigt denken, der durch sein am 16. Oktober 1906 phantasievoll realisiertes Husarenstück als der »Hauptmann von Köpenick« in die Geschichte eingegangen ist. Er sollte auch an einen anderen Tausendsassa aus Schlesien denken, der nie eine falsche Offiziersuniform getragen hat und es trotzdem zum Hauptmanns-Rang in Schwabings Szene gebracht hat: Oswald Malura, der heute vor 90 Jahren im schlesischen Dörflein Boleslau unweit der polnisch-mährischen Grenze zur Welt gekommen ist.

Dr Sohn eines Kleinhäuslers zeichnete von früh auf und wollte Maler werden. In der nahen Stadt Ratibor fand der 14jährige einen Lehrmeister – einen Dekorationsmaler, bei dem er einen dreijährigen Lehrvertrag abschloß und viele praktische Handgriffe abguckte, bloß nicht die Kunst, Bilder zu malen. Das gelang ihm erst, als er Zugang zur Münchner Akademie fand – bei Professor Hermann Groeber, der noch nach alter Meisterart die Auseinandersetzung mit der Naturform lehrte. So blieb der Student dem Gegenständlichen zunächst verbunden – nach den Prinzipien der alten Meister, denn ohne dies alles, so weiß Malura längst, gelangt man nicht zur guten Abstraktion.

Dieser wandte er sich zu, als er nach weiteren Weltreisen (Indien, Ceylon, Südamerika) selber zu einem Meister gegenständlicher Darstellung geworden war. Er entdeckte die Technik der Collage und blieb von ihr fasziniert. Seine stets bewegliche Phantasie und Experimentierfreudigkeit ließen ihn im Alter zu Arbeiten gelangen, die den Reiz von Vexierbildern haben. »Collage surreal« nennt er sie oder »erdhaft« oder auch »La joie«.

Seine Sonderstellung in und für Schwabing ergab sich aus seiner beispielhaften Kameraderie. Er schuf kurz nach dem Krieg an der Leopoldstraße eine erste Baracke als Ausstellungsort, rief mehrere Galerien ins Leben, und in seinen Räumen an der Kaulbachstraße wurden die ersten Schwabinger Kunstpreise vergeben, als noch

Tilly Wedekind, Wilhelm Hüsgen, der letzte der elf Scharfrichter, und Peter Paul Althaus unter den Preisträgern waren.
Süddeutsche Zeitung 233 vom 9. Oktober 1996, S. 43

Konrad Hetz: Draht nach Oben, Aquatinta/Aussprengtechnik

Es lebe die Schwabinger Kunst
Erich Lindenberg und Konrad Hetz wurden mit je 4000 Mark ausgezeichnet

Eine Handvoll Schwabinger Künstler, die den Krieg überlebt hatte, kam über Jahre hinweg regelmäßig in der Kneipe »Seerose« zusammen. Eines Abends gesellte sich auch Münchens damaliger OB Hans-Jochen Vogel wohlwollend zu ihnen. Und als er einen von ihnen, den skurrilen Dichter Peter Paul Althaus, der als Bürgermeister der Traumstadt fungierte, als »Herr Kollege« anredete, regte der Maler Hermann Geiseler die Stadt dazu an, doch einen Seerosen-Preis zu stiften. Die Anregung fiel auf fruchtbaren Boden: Seit 1962 wird der Preis alljährlich vergeben, heuer zum 35. Mal.

Preisträger 1998 sind der 1938 in Westfalen geborene Erich Lindenberg, der unter anderem bei Franz Nagel in München studiert hat und hier in wichtigen Ausstellungen vertreten war, sowie der 1946 in München geborene Konrad Hetz, der nach seinem Malereistudium in München als Vorsitzender des Schutzverbandes Bildender Künstler in der IG Medien wirkte und sich darüberhinaus an zahlreichen Ausstellungen beteiligt hat. Insbesondere bezeichnet er seine »Mitarbeit an der Reduzierung von Problemen jüngerer und älterer bildender Künstlerinnen und Künstler« als für seine Art kennzeichnend.

Für die Preisvergabe (zweimal je 4000 Mark, die in kleinen Säckchen bar übergeben wurden!) stellte die Stadt die weiträumige Galerie im Rathaus zur Verfügung, die nicht nur repräsentative Werkschauen der beiden Preisträger, sondern auch geselliges Beisammensein bei (von privater Seite gestiftetem) Wein und Brot ermöglichte.

Preise und Urkunden überreichte Hanns-Jörg Dürrmeier, Sprecher der Gesellschafterversammlung des Süddeutschen Verlags, der von Jugend an ein Freund und Förderer künstlerischer Bestrebungen in Schwabing gewesen ist. Die beiden Preisträger hörten von ihren Laudatoren ehrende Worte, insbesondere Erich Lindenberg über seine jüngsten Unternehmungen auf dem Gebiet der Großplastik, die Michael Petzet ausführlich würdigte. Daß von den Preisträgern kein Dankeswort für den schönen Abend fiel, ist wohl legere Schwabinger Lebensart.

Süddeutsche Zeitung 6 vom 9. Januar 1997, S. 39

Anmerkungen

Die hier vorliegende Zusammenstellung ausgewählter Texte kann lediglich den Umfang und die Vielfalt des Gesamtwerks von Karl Ude andeuten. Bis 1991 hat er allein für den Münchner Stadtanzeiger mehr als 700 Mal den »Kulturbummel« verfasst. Die Auswahl versucht, den Vorlieben des Autors – Literatur und Schwabing – gerecht zu werden und zugleich einen ausgewogenen Mix bekannter wie weniger bekannter Themen und Personen vorzustellen.

Das Spektrum umfaßt kurze Nachrichten, hingetupfte Skizzen, tagesaktuelle Glossen, Rezensionen, Veranstaltungsberichte, Kritiken, größere Studien und Analysen. Die zeitgenössische Schreibweise wurde beibehalten, Satzfehler wurden stillschweigend korrigiert. Die Artikel sind in chronologischer Folge geordnet. Wo es sinnvoll erschien, wurden Texte gekürzt und ergänzen Kommentare fehlende Informationen.

Für Mitarbeit, Hinweise und Kritik sei Dr. Claudia Brunner, Dr. Andrea Böhm, Petra Dietrich, Dytha Mund, Marta Reichenberger und Eva-Maria Volland herzlich gedankt. Charlotte Dietrich, Konrad Hetz, Ursula Brunner vom Archiv der Münchner Arbeiterbewegung und Heinz Koderer vom APO-Archiv München haben Abbildungen zur Verfügung gestellt. Auch ihnen herzlichen Dank!

Expressionistische Dichtung (1948)

Adele Gerhard, geb. de Jonge (1868–1956), verfasste u.a. *Am alten Graben, Gäa, Die Geschichte der Antonie von Heese* und die autobiographische Skizze *Weg und Gesetz*.

Als Chefredakteur der *Welt und Wort*, die 28 Jahrgänge erlebte, trug Karl Ude wesentlich zum Neubeginn eines literarischen Lebens nach 1945 bei. Mit dem Verleger der Monatszeitschrift Ewald Katzmann hatte er schon 1925 als Student in Bonn und Marburg Freundschaft geschlossen. Katzmann und Ude sorgten in ihrem Periodikum auch für die Freiheit des Worts ihrer Autoren. Bücher aus den Ländern jenseits des Eisernen Vorhangs in den fünfziger und sechziger Jahren unaufgeregt und ideologiefrei zu besprechen, zeugte von undoktrinärem Nonkonformismus.

Podium für Poeten (1951)

Mit der Währungsreform änderten sich die Rahmenbedingungen für künstlerisches Schaffen radikal. Blühten unter dem frischen Wind einer vom Gesinnungsdiktat befreiten Atmosphäre und unter der Ägide der nahezu wertlosen Reichsmark die Musen, so erzwang die harte D-Mark nach dem 20. Juni 1948 Schritt für Schritt eine neue ökonomische Vernunft: Nur das, was sich voraussichtlich rechnete, bekam eine Chance.

Werk und Wirken Artur Kutschers
Zu seinem 75. Geburtstag am 17. Juli 1953

Ohne Kutschers Einflüsse ist Udes Biographie nicht zu erklären. Karl Ude wurde am 14. Januar 1906 in Düsseldorf geboren. Sein Studium der Germanistik, der evangelischen Theologie, der Kunstgeschichte und der Musik führte ihn u. a. nach Marburg und München – wo er 1924 lediglich ein Semester lang studierte –, Paris und Bonn. Fasziniert vom Schwabinger Kulturleben, ließ er sich zwei Jahre später in der bayerischen Metropole endgültig nieder.

Er begann, sich für Literaturkritik und Theaterwissenschaft zu interessieren. Zunächst als Student, später als Freund des legendären Theaterwissenschaftlers Kutscher bearbeitete er dessen Wedekind-Biographie und gab sie 1964 neu heraus. Nicht selten verließen Studenten Kutschers Seminare ohne Examen oder Doktorhut, denn ihr Lehrer und Mentor zeigte ihnen auf, dass es Wichtigeres gibt: »Wir arbeiten nicht um des Wissens willen, wir arbeiten um des Wirkens willen.«

Der ausgesprochen beliebte Hochschullehrer hatte in insgesamt 102 Semestern über 50000 Hörer in seinen Bann gezogen. Kutscher starb am 29. August 1960.

Literarische Kontroverse in falscher Tonart (1954)

Hans Friedrich Blunck (1888–1961), Schriftsteller; Präsident der *Reichsschrifttumskammer* 1934–1935; Mitglied des *Reichskultursenats*; 2. Vorsitzender der *Preußischen Akademie der Dichtung* und Träger der Goethe-Medaille.

Hans Grimm (1875–1959), Schriftsteller; Autor von *Volk ohne Raum* (1926); bekannte sich auch nach 1945 zu faschistischen Positionen.

Erwin Guido Kolbenheyer (1878–1962), Schriftsteller; seit 1933 Funktionär der Abt. Dichtung in der *Preußischen Akademie der Künste*; Goethe-Preis der Stadt Frankfurt 1937.

Franz Koch, Ordinarius für deutsche Philologie am Berliner *Germanischen Seminar*, wirkte auch als Hauptlektor im Amt Alfred Rosenbergs, dem

»Beauftragten des Führers für die Überwachung des gesamten geistigen und weltanschaulichen Schulung und Erziehung der NSDAP«.
Panegyrisch: predigtartig lobredend.
VB-Stil: in der Art des *Völkischen Beobachters*.

Der 1911 geborene Kurt Ziesel, Gründer der *Deutschland-Stiftung* und Herausgeber des *Deutschland-Magazins*, war Ende der fünfziger Jahre aktiv im *Deutschen Kreis*, beim *Komitee zum Schutz der Bürger gegen Diffamierung* und bei der *Gesellschaft für freie Publizistik*. Ziesel, ein unverbesserlicher Rechtsnationalist, der sich und seiner Gesinnung treu geblieben warf, griff Ude wiederholt an. Dieser habe in den *Münchner Neuesten Nachrichten* sowie in der *Berliner Börsenzeitung* zwischen 1933 und 1945 selbst regimefreundliche Artikel im Blut und Boden-Stil verfasst, sei mit Kolbenheyer und mit Hanns Johst, dem Präsidenten der *Reichsschrifttumskammer* seit 1935, bestens bekannt gewesen und habe sich nach 1945 opportunistisch gewendet und seine ehemaligen Proteges verraten. Sicher ist, dass Ude sich mit seinen in der Nazizeit publizierten Werken nach 1945 nicht unmittelbar auseinandergesetzt hat, sondern schwieg. Zuletzt hat Peter Köpf die Zeit von 1933 bis 1945 einer kritischen Würdigung unterzogen. Er zitiert und beschreibt die Rolle des Journalistenstandes im Naziregime, darunter auch die Karl Udes. Über die Voraussetzungen der herrschenden Einstellung, dass das Feuilleton »gesinnungsgebunden« (Goebbels) zu sein habe, über die Methoden, diese Einstellung durchzusetzen und die vielfältigen Weisen, sich nach 1945 mit diesem Denken auseinanderzusetzen, sich von ihm zu befreien und zu distanzieren, schreibt er nichts. Für ihn beruht die Kontinuität journalistischer Arbeit der meisten Protagonisten dieses Standes nach 1945 auf Verdrängung und Verleugnung.

In die Nazizeit hineingewachsen, bewegte sich der idealistisch gesinnte, junge Karl Ude im Graubereich zwischen Widerstand und Anpassung. Er zog sich auf vermeintlich unpolitische Tätigkeiten zurück, lebte vom Schreiben und verfasste vor allem Rezensionen, nicht selten schwärmerisch, gefühlig, deutschtümelnd: »Wes Brot ich ess', des Lied ich sing'«.

Das »gschlamperte« Verhältnis zu seiner späteren Ehefrau Renée hat sicher Karl Udes Einstellung zum NS-Regime und zur Kulturpolitik der Nazis nach und nach geprägt. Die Muttersprache der Westschweizerin war französisch; für die Menschen in der »Hauptstadt der Bewegung« war sie eine Ausländerin, die nicht zur »deutschen Volksgemeinschaft« gehörte.

Ude musste im Zweiten Weltkrieg einrücken, schaffte es aber, meistens in München bleiben zu können. In der Abteilung IC des Stellvertretenden Generalkommandos der Wehrmacht im ehemaligen königlich-bayerischen Kriegsministerium an der Ludwigstraße fanden sich Autoren, Musiker, bildende Künstler und Schauspieler, unter ihnen Ernst Penzoldt, Eugen Roth, Josef Martin Bauer, Franz Eska, Josef Oberberger und der Karikaturist des *Abendblatts* Rolf Peter Bauer. Hier bildeten sich die inneren Zirkel der dezent Skeptischen. Kein Wunder, dass in dieser Umgebung Udes aus-

geprägter Unwille, Begeisterung für das Kriegshandwerk zu zeigen, ihn in fünf Jahren lediglich zum Rang des Obergefreiten aufsteigen ließ.
Vgl.: Kurt Ziesel, Das verlorene Gewissen. Hinter den Kulissen der Presse, der Literatur und ihrer Machtträger von heute, München 1958³, S. 146 ff. und Peter Köpf, Schreiben in jeder Richtung. Goebbels-Propagandisten in der westdeutschen Nachkriegspresse, Berlin 1995, S. 93 ff.

Verwertung literarischer Rechte und – typisch deutsche Zwietracht (1956)

Neben der völlig unzureichenden Vergütung der Erstverwertung künstlerischer Erträge, die die ständisch organisierten Berufsverbände traditionell beklagten, thematisierte Ude schon sehr früh die fehlende honorarpflichtige Zweitverwertung eines selbstverständlich urheberrechtlich geschützten Produkts. Der Weg zu den heute tätigen Verwertungsgesellschaften (VG Wort, München, und VG Bild-Kunst, Bonn) war steinig.

André Maurois zu Gast bei Cuvilliés (1958)

André Maurois (d. i. Emilé Salomon Herzog, 1885–1967) verfasste *Bernard Quesnay, Le cercle de familie, Climats, La hausse et la baisse* ...
Ecrivain: ein Schreibender.

Junge Dramatiker – undramatisch vorgeführt (1958)

Natürlich hatte Ude seine Vorlieben. Er schrieb lieber über ihm Bekanntes, etwas weniger über Frauen. Dabei vertrat er immer die Sache dessen, den er vorstellte, verbarg aber zugleich nie seine eigene Meinung. Die Freundschaft zu Künstlern und Wissenschaftlern konnte seinen Blick nicht trüben. Die Balance zwischen Nähe und Distanz tarierte er immer wieder aus. Seine Kritik war hart, ohne zu vernichten, denn er unterschied bei dem, was ihm nicht gefiel, zwischen entbehrlichen Mängeln und zeitbedingt notwendigen Brüchen, zwischen unumgänglicher Veränderung und vermeidbarer Sackgasse.

Max Halbes Nachlaß: Ein Münchner Spiegel der Jahrhundertwende (1960)

Auch Ude war nicht gefeit von Missverständnissen. Sogar er rekurrierte auf das zusammenhanglos zitierte und überstrapazierte »München leuchtete. Über den festlichen Plätzen und weißen Säulentempeln ... spannte sich erstrahlend ein Himmel von blauer Seide ...«" in der Meinung, es würde München als lebendige, weltoffene und moderne Metropole charakterisieren. Thomas Mann aber wies in seiner 1902 erschienenen Novelle *Gladius Dei* mit dieser Sequenz ironisch auf Eitelkeiten, Selbstbeweihräucherung und epigonalen Kulissenzauber der Stadt hin.

Der andere Eugen Roth
Zum 75. Geburtstag des Dichters am 24. Januar (1970)

Eugen Roth hieß der Lokalchef der *Münchner Neuesten Nachrichten*, dem Ude im Sommer 1930 sein erstes Manuskript ablieferte. Immer klarer wurde, dass sich der junge Mann zum Journalisten und Autor berufen fühlte. 1932 legte er sein erstes Werk vor: »Das Ringen um die Franziskuslegende«. 1933 wurde Roth entlassen. Ude schrieb weiter für die *Neuesten*. 1935 publizierte er ein Gedicht, das auf Roths Erstveröffentlichung im kleinen Weimarer *Alexander Duncker Verlag* hinwies:

Ein Mensch, der Dichtkunst tief verschworen
Und dazu mit Humor geboren,
Ein Enkel gütger Dichterahnen,
W. Busch und Morgenstern mit Namen,
Wie sie des Knittelverses mächtig
Und wie sie weise und bedächtig –
Besagter Mensch, der hat soeben
Ein Versbuch an den Tag gegeben:
»Ein Mensch ...« von Eugen Roth betitelt,
Das unentwegt Pläsier vermittelt.
Da ist in immer gleichen Strophen
Von einem Alltagsphilosophen
In beinah hundert Dichtungsstücken
Von unsres Lebens bösen Tücken
Und Listen bitterlich die Rede,
Und doch gelingt's dem Dichter, jede
Mit seiner Heiterkeit zu zieren,
In der ein bisserl Resignieren
Zwar hier und dort vorhanden ist.
Gar oft auch sehn in seinen Versen
Wir selber uns in den diversen
Höchst peinvoll dummen Lebenslagen,
In denen wir uns selbst beklagen,
Statt es wie Eugen Roth zu machen:
Uns selber nämlich auszulachen!
Doch damit lässt er's nicht genügen:
Auch seine Dichtform schafft Vergnügen,

Die, scheinbar stets sich selber gleich,
An Geist, an Witz und Wechsel reich.
Im Rhythmus frisch und nie asthmatisch,
Befriedigt Roth auch rein thematisch:
Denn »Ofen«, »Schnitzel«, »Zirkus Liebe«,
»Hilflosigkeit« und kleine Triebe,
»Verkannte Kunst«, »Grobheit« und »Torte«,
»Das Mitleid«, »Sprungbrett« und »Sprichworte«,
Der Tage und der Zeit Gebot –
Ein jedes Ding bedichtet Roth
In seiner Art mit viel Humor:
Ein spielend-ernster weiser Tor ...
So sei dem Buch ein Lob gesungen,
Denn es ist wahrhaft gut gelungen!
Damit zum Schluß der Dichter spricht,
Folgt nun von ihm das »Kunst«-Gedicht
»Ein Mensch malt, von Begeisterung wild,
Drei Jahre lang an einem Bild.
Dann legt er stolz den Pinsel hin
Und sagt: ›Da steckt viel Arbeit drin.‹
Doch damit war's auch leider aus:
Die Arbeit kam nicht mehr heraus.«
Wen dies ergötzt, mag sich einprägen:
A. Duncker, Weimar, tat's verlegen!

(Zitiert in Karl Ude: Ein Mensch mit Namen Eugen Roth, Münchner Stadtanzeiger 3 vom 22.1.1965, S. 6)

Zur sozialen Lage der Schriftsteller.
Fakten – Forderungen – Meinungen (1971)

1965 hatte der Deutsche Bundestag das Urhebergesetz novelliert. Dieser Erlaß verhinderte nicht, daß sich der einzelne Schriftsteller, Maler, Musiker, Übersetzer ... einer geschlossenen Phalanx der Verwerter (Medien, Verleger, Kunsthandel ...) gegenübersah. Faire Vertragsvereinbarungen blieben die Ausnahme. Allein kann man sich nicht durchsetzen, und der Ruf nach weiteren gesetzlichen Regelungen wurde immer lauter. Das zentrale Argument lieferte Jean Jacques Rousseau in seinem Werk *Über den Ursprung und Grundlagen der Ungleichheit*: »Wo sich Starke und Schwache begegnen, ist es die Freiheit, die unterdrückt, ist es das Gesetz, das befreit.«

Als 1983 die Künstlersozialversicherung entstand, die dem Artefakte verfertigenden und zugleich um seine Existenz ringenden Mitmenschen Zuschüsse zur Krankenversicherung gewährt und eine kleine Rente in Aussicht stellt, hieß es dräuend, das sei das Ende der Kultur- und Medienbranche. Nur eines hat sich tatsächlich verändert: Die Zahl der Künstler, die mittellos in die Sozialhilfe abrutschen, wurde geringer.

VS-Autoren als Gewerkschaftler? (1971)

Noch immer gilt es für die heute in der Gewerkschaft ver.di organisierten Künstler, Verbesserungen für ihre Berufsgruppen zu erstreiten. Das kürzlich nach dreieinhalb Jahrzehnten vom Bundestag gegen den erbitterten Widerstand der Kulturwirtschaft verabschiedete Urhebervertragsrecht verbessert die Stellung der Autoren in einigen Punkten, kann aber noch lange nicht befriedigen. Die Liste der Verwerter, die Autoren auf vielfältige Art prellen, ist lang. Daß, um nur ein Beispiel zu nennen, Übersetzer im Frühsommer des Jahres 2002 ein verfügbares Nettoeinkommen pro Stunde zwischen 5,06 € bis 7,41 €»als angemessene Vergütung« erhalten, ist ungerecht.

PPA – Mythos und Gewissen Schwabings
Vor zehn Jahren starb der Traumstadt-Dichter
Peter Paul Althaus (1975)

Spökenkieker: westfälisch für Geisterseher.

Dokumentation gegen Vergeßlichkeit (1985)

1993 wurde auf den Ruinen des im Zweiten Weltkrieg bombardierten Bayerischen Armeemuseums an der Ostseite des Hofgartens die neue Bayerische Staatskanzlei fertiggestellt. Um das Projekt gegen die überwiegend negative öffentliche Meinung durchzusetzen, sollte die Hälfte des Bauwerks dem neu gegründeten »Haus der Bayerischen Geschichte«, das sich heute in Augsburg befindet, zur Verfügung gestellt werden. Der Bau des von den Münchnern so genannten »Bayerischen Kreml« kostete 241 807 000 DM. Er verfügt hinter einer Fassadenlänge von 193,9 Metern über eine Hauptnutzfläche von 8874,9 m². Im Vergleich dazu kann das »Weiße Haus« in Washington lediglich mit 6243 m² aufwarten.

Eine Autorität für Bayerische Belange
Wilhelm Lukas Kristl gestorben /
Von Landshut über Madrid nach Schwabing (1985)

Wilhelm Lukas Kristl feierte den Weggefährten anläßlich seines 75. Geburtstags: »Er ist der gesellige Mensch wie eh und je: Karl Ude, der heute fünfundsiebzig wird; gesellig freilich weniger im Sinne des betrachtenden Schwabinger Stammtisches, als im Sinne des bewegten Stehkonvents auf kulturellen Veranstaltungen und im Foyer der Theater. Denn er ist allgegenwärtig, wo es um Buch und Bild, um Bühne, Ausstellung und Museum geht, Münchens immerfort wissbegieriger Kultur-Chronist. Wenn er so hocherhobenen Hauptes aus der Menge auftaucht, darf sein stets gewinnendes Lächeln die Veranstalter allerdings nicht täuschen. Ist in einer Bildunterschrift das Wort ›Simplicissimus‹ mit ›z‹ geschrieben – er entdeckt es. Wie im kleinen, so im großen, so im grundsätzlichen. Ude ist kein Besserwisser – er weiß es meistens besser. Die immense Personal- und Sachkenntnis hilft ihm dabei. Und ungeachtet aller Aufgeschlossenheit für Neues fällt er auf pseudoprogressiven Zauber nicht herein. Es ist schwer, gegen den Strom zu schwimmen. Zum Glück ist Ude ein guter Schwimmer ...« (Wilhelm Lukas Kristl: Chronist des Münchner Kulturlebens. Karl Ude wird heute 75 Jahre alt, Süddeutsche Zeitung 10 vom 14.1.1981, S. 11)

R. P. Bauer – denkwürdig aus mancherlei Gründen (1992)

Der Zeichner und Karikaturist Rolf Peter Bauer, 1912 in Konstanz geboren, begann seine Karriere 19jährig mit Karikaturen von Sportlern. Sein zeichnerisches Können hatte er sich als Autodidakt erworben. Seit 1952 lebte er in München und zeichnete für Tageszeitungen in München, Nürnberg, Augsburg und Regensburg. Viele Zeitgenossen aus dem Theater und Musikleben, der Literatur und aus der Politik waren Gegenstand seiner Arbeit. Seine Karikatur zu Karl Ude bildet das Umschlagmotiv für die vorliegende Anthologie. Rolf Peter Bauer verband mit Karl Ude eine enge Freundschaft. Zusammen stellten sie viele Jahre in der Zeitschrift »Gong« Persönlichkeiten aus Theater, Funk und Film vor. Der Text stammte von Karl Ude, R. P. Bauer lieferte die Zeichnungen.

Eine Eidgenossin wurde Münchnerin
Christian Udes Mutter Renée (1993)

Ogfr. = Obergefreiter.
ARG = Altes Real-Gymnasium, heute Oskar-von-Miller-Gymnasium.

Familie Ude hatte nach 1945 selbst kaum etwas, aber das, was sie hatte, teilte sie. Wer gar nichts hatte, schlüpfte bei ihnen unter. Die Schauspielerin Georgia van der Rohe, Tochter Mies van der Rohes, erinnert sich: »Ich bewohnte bei ihnen eine ungeheizte Kammer, wo ich im Bett mit Pelzjacke und Handschuhen an meinen Rollen arbeitete. Die Udes waren reizende Leute ...« (Georgia van der Rohe: La donna è mobile, Berlin 2002, S. 135.)

Seit diesem Jahr lebte auch Traudl Junge bei der Familie und wurde Karl Udes Sekretärin. Mit 22 Jahren war sie 1942 Hitlers Sekretärin geworden und hatte noch 1945 dessen Testament diktiert bekommen. Christian Ude wirft ein Licht auf die häuslichen Verhältnisse: »Bei uns lernte sie zum ersten Mal Diskussionskultur kennen. Das war der Beginn ihrer radikalen Faschismusdistanzierung, eines schmerzhaften Erkenntnisprozesses ... Daß sie einem Massenmörder diente, reibungslos funktionierte, ihn sogar mochte, konnte sie sich nicht verzeihen. Es gab wenige, die sich so selbstkritisch mit ihrer Geschichte auseinandergesetzt haben.« (Petra Hallmayer: Leben mit der Schuld. OB Christian Ude erinnert sich an »Tante Traudl« – Hitlers letzte Sekretärin, Süddeutsche Zeitung vom 15. 2. 2002.)

In der gastfreundlichen Wohnung in der Bauerstraße gaben sich in den folgenden Jahren die Künstler die Klinke in die Hand. Renée und Karl Ude kannten die Nöte und Sorgen »ihrer« Dichter und Maler, die ohne einflußreiche Lobby sich behaupten müssen.

Es lebe die Schwabinger Kunst. Erich Lindenberg und Konrad Hetz wurden mit je 4000 Mark ausgezeichnet (1997)

Karl Udes letzter Artikel. Er starb am 1. April 1997, Renée Ude am 12. August 1999.

Auswahlbibliographie

Karl Ude brachte etwa dreißig Bücher heraus und war Mitherausgeber von mehr als dreißig Anthologien. Eine vollständige Zusammenstellung eines Werkverzeichnisses kann nur als wissenschaftliches Projekt geplant werden.

Das Ringen um die Franziskus-Legende. Musikernovelle, München 1932
Hier Quack! Heiterer Froschroman, 1933
Geschichte um ein Spielzeug. Erzählung, 1934
Schelme und Hagestolze. Vergnügliche Geschichten, 1940
Als Herausgeber: Joseph Pembauer. Bekenntnis seiner Freunde. Festschrift, 1940
Im Stechzirkel der Jahre. Essay, 1941
Die Pferde auf Elsenhöhe. Zwei Novellen, 1942
Zusammen mit R.P. Bauer: Vergnüglicher Stellungswechsel, München 1942
Der steinerne Kamerad. Novelle , 1942
Die Rettung. Erzählung vom Niederrhein, 1943
Vierzehn Tännlein zu viel. Eine Weihnachtserzählung mit Bildern von Anton Kolnberger, Tübingen 1948
Das Rollschuhlaufbüchlein, Bad Wörishofen 1948
Das Märchen vom Hustenmännlein, 1952
Abenteuer im Dezember, 1955
Damals als wir Rollschuh liefen, München 1956
Bilderstürmer, 1957
Als Herausgeber: Hier schreibt München. Essays, Feuilletons, erzählende Prosa, dramatische Szenen, Lyrik, Aphorismen, Satiren, Grotesken, Mundartliches, München 1961
Als Herausgeber: Besondere Kennzeichen. Selbstporträts zeitgenössischer Autoren, München 1963
Otto von Taube. Rede, 1964
Als Herausgeber: Artur Kutscher: Frank Wedekind, 1964
Frank Wedekind, Mühlacker 1966
Scherz beiseite, 1966
Als Herausgeber mit Hermann Proebst: Denk ich an München. Ein Buch der Erinnerungen, München 1966

Abbildungen

S. 18: Archiv der Münchner Arbeiterbewegung; S. 20: Privatsammlung; S. 23: Nachlaß R.P. Bauer, Monacensia; S. 32: Archiv der Münchner Arbeiterbewegung; S. 34: Nachlaß R.P. Bauer, Monacensia; S. 36: Nachlaß R.P. Bauer, Monacensia; S. 40: Foto: G. Gerstenberg; S. 43: Privatsammlung; S. 56: Nachlaß R.P. Bauer, Monacensia; S. 74: Münchner Stadtanzeiger 45, 12.11.1965; S. 81: APO-Archiv München; S. 83: Privatsammlung; S. 93: Münchner Stadtanzeiger 43, 29.5.1970; S. 96: Simplicissimus 1905; S. 99: Privatsammlung; S. 104: Nachlaß R.P. Bauer, Monacensia; S. 112: Monacensia; S. 117: Nachlaß R.P. Bauer, Monacensia; S. 120: Foto: Dietrich; S. 122: Foto: G. Gerstenberg; S. 127: Nachlaß R.P. Bauer, Monacensia; S. 131: Foto: G. Gerstenberg; S. 133: Foto: G. Gerstenberg; S. 134: Privatsammlung; S. 137: Foto: G. Gerstenberg; S. 139: Foto: G. Gerstenberg; S. 142: Nachlaß R.P. Bauer, Monacensia; S. 148: Archiv der Münchner Arbeiterbewegung; S. 150: Archiv der Münchner Arbeiterbewegung; S. 153: Foto: Hetz.

Dichter und Literaten des 20. Jahrhunderts in der edition monacensia

PETER PAUL ALTHAUS
In der Traumstadt
Gedichte · Neuausgabe

LENA CHRIST
Lausdirndlgeschichten
Erzählungen · Neuausgabe

OSKAR MARIA GRAF
Notizbuch des Provinzschriftstellers
Oskar Maria Graf 1932
Erlebnisse · Intimitäten · Meinungen
Neuausgabe

ERNST HOFERICHTER
Fünf Erdteile als Erlebnis
Reisebericht
Mit einem Vorwort von Christian Ude
Neuausgabe

LIESL KARLSTADT
Nebenbeschäftigung: Komikerin
Texte und Briefe
Textauswahl und Nachwort
von Monika Dimpfl · Erstausgabe

Dichter und Literaten des 20. Jahrhunderts
in der edition monacensia

ANNETTE KOLB
Zarastro · Memento
Texte aus dem Exil
Mit einem Nachwort von Gabriele Förg · Neuausgabe

WILHELM LUKAS KRISTL
Das traurige und stolze Leben des Mathias Kneißl
Bayerns großer Kriminalfall
Neuausgabe

MARIETTA DI MONACO
Ich kam – ich geh
Reisebilder · Erinnerungen · Porträts
Mit Silhouetten von Ernst Moritz Engert
Neuausgabe

FRANZISKA ZU REVENTLOW
Ellen Olestjerne
Roman · Neuausgabe

KARL UDE
Schwabing von innen
Kulturelle Essays
Mit einem Vorwort von Christian Ude
Ausgewählt und kommentiert von Günther Gerstenberg
Erstausgabe